誤解の心理学
コミュニケーションのメタ認知

Psychology of Misunderstanding:
Metacognition on Communication

三宮真智子 著
Machiko Sannomiya

ナカニシヤ出版

はじめに

　本書は，コミュニケーションにおける「誤解」という日常的な現象に着目し，心理学およびその周辺領域の知見をもとに，誤解がなぜ起こるのかを解き明かそうとするものです。本書で扱う主な研究領域が心理学であるため，表題を「誤解の心理学」としました。また，コミュニケーションの中で起こる誤解を考えるためには，コミュニケーションそのものを客観的に眺めること，すなわちコミュニケーションに対するメタ認知が欠かせません。そうした理由から，副題は「コミュニケーションのメタ認知」となっています。

　誤解は，私たちが社会の中で生きていく限り，避けて通ることのできないものでしょう。誤解には，さまざまな要素が含まれており，見方を変えれば，これほど興味深いものはないとも言えます。誤解を引き起こす原因を探ることにより，心のメカニズムが明らかになるはずです。

　多くの場合，誤解はやっかいな困りもので，時には，忘れてしまいたい苦い経験でもあるでしょう。でも，これを逆手に取り，積極的に誤解と向き合うことで，人間の心について，多くの気づきが得られるのではないでしょうか。

　さらに，誤解の予防策を考えることによって，コミュニケーション・スキルに磨きがかかります。

　さあ，今からご一緒に「誤解を巡る心の探検」に出かけましょう。

序

1. 本書の目的と構成

　あなたはこれまで，人から誤解された経験はありませんか。おそらく，この本を手に取られた方のほとんどすべてが「ある，ある」と頷かれるのではないでしょうか。そうです。人里離れた山奥にたったひとりで住んでいるとか，ひとり南海の孤島に流れ着いてそのまま暮らしているといった生活ではない限り，つまり，通常の社会生活を送っていれば，他者との接触があります。そうした人と人とのコミュニケーションの中では，必ずと言っていいほど，誤解が起こるものです。もちろん，誤解が生じたことに気づかない人はいるかもしれませんが…。

　誤解にもいろいろなものがあります。たとえば，「午後一時，雨が降るでしょう」という天気予報を聞いた留学生が，「ぴったり午後の1時から雨が降り出すと予報できるなんて，日本の技術はなんて素晴らしいんだ！」と思ったからといって，特に問題はありません（これは実話です）。ところが，誤解がもとで人間関係に亀裂が入ったり，ひどい場合には怒りや恨みを買い，嫌がらせを受けるといった結果を招くと，安穏としてはいられなくなります。

　私は，30年にわたり，誤解の事例を収集してきました。誤解には，言葉によるものが圧倒的に多いのですが，中には表情や仕草，声の調子などの非言語的なものもあります。多くの方々の協力を得て，実にさまざまな誤解例を集めることができました。その中には，先に述べた留学生の誤解のように微笑ましいものもありましたが，その後の人間関係に暗い影を落としたものもありました。ほんの小さ

な誤解がもとで心がすれ違い，人間関係はもろくも崩れてしまうのだということを，そうした数々の事例から，そしてまた，自分自身の体験から私は学びました。

　時には何年か経ってから，誤解が解けることもあります。では，誤解が解けさえすれば，人間関係は修復できるのでしょうか？　残念ながら，そうとは限りません。なぜか？　それは，誤解によって気まずくなったふたりの人間の間で，長年にわたって積み重ねられてきたネガティブな感情は，それほど簡単に水に流せるものではないからです。

　ぎくしゃくした雰囲気，よそよそしい態度，そうしたものの記憶は，心の奥底に静かに沈殿していきます。「あれは誤解だったのだ」と双方が頭では理解できても，気持ちはなかなか切り替えることができません。相手に誤解を与えてしまい，「あの時，もう少し慎重に言葉を選んでいれば…」という苦い後悔とともに諦めなければならないことが，どれほど多いことでしょう。

　人間関係には，いつも誤解がつきものです。「だから仕方がない」と諦めるしかないのでしょうか。もちろん，時にはそうするしかない場合もあるでしょう。でも，もしも誤解を予防することができたなら，それに勝ることはないはずです。どうすれば，誤解の予防が可能になるか。それは，「このような状況で，このように言えば（ふるまえば），このように誤解される可能性がある」ということを知っておくことだと思います。言い換えれば，「こうすれば，こうなる」という，誤解を客観的にとらえた一般法則を知識として蓄えておくことです。そうした知識は，誤解についての（あるいは，より広くコミュニケーションについての）メタ認知的知識と呼ぶことができます。

　「メタ認知」というのは，私たちの認知活動，言い換えれば，頭を使う活動を一段高い所からとらえる（認知する）ことを意味します。

つまり，私たちのコミュニケーションという認知活動を一段上から眺めて，「ああ，この場でこんな言い方をすれば，誤解されても仕方がないな」などと冷静に判断すること，それがコミュニケーションについてのメタ認知です。本書では，さまざまな角度から「誤解」という現象を論じますが，そこに通底しているのは，メタ認知という観点です。

本書の特徴は，きわめて多様な誤解の実例を取り上げていることです。どのような場合に誤解が起こりやすいかという一般法則を導くためには，「架空」の話ではなく，「実際に起こった」数多くの誤解例を知っておくことが役立つと，私は考えています。

そもそも，私たちは，他の人の失敗から多くを学びます。両親あるいは教師が自らの失敗談を披露し，「自分はこんな失敗をしたことがある。だから，あなた（たち）も気をつけるんだよ」と教えられたことがあるでしょう。また，兄や姉や先輩たちの失敗を見ていて，「ああ，あんな風にすると失敗するんだな。気をつけよう」と心に誓ったこともあるのではないでしょうか。心理学では，こうした学びを観察学習と呼びますが，「人の振り見て，わが振り直す」ことは，非常に効果的な学習と考えられます。

そこで，本書では，さまざまな誤解の実例を紹介し，どの点に気をつければよいかを示したいと思います。本書は3つの目的をもっています。第一の目的は，多彩な誤解事例の存在を知っていただくことです。そこで，【Ⅰ 事例編】では，日常の誤解例を，結果の深刻さという観点から3つに分けて，解釈をまじえずに見ていきます。

第二の目的は，そもそも，なぜそのような誤解が生じてしまうのかについて，解説を加えることにより，誤解の発生メカニズムを理解していただくことです。そこで，【Ⅱ 解説編】では，心理学を中心としつつも多面的に，誤解の言語学的・文化論的な背景についても解説を行います。そしてさらに，本書のキーワードとなるメタ認

知の観点からコミュニケーションをとらえ，加えて，他者とつながる「社会脳」（これは，最近の脳科学における重要なトピックです）の知見を紹介し，コミュニケーションを支える脳の働きを概観します。

第三の目的は，誤解の予防策を考えるための手立てを提案することです。【Ⅲ 予防・対策編】では，私たちが抱えるコミュニケーションの悩みとストレスの大きさを把握したうえで，これらを解決すべく，メタ認知を促すコミュニケーション・トレーニングの実例を紹介します。そうしたトレーニングは実際に私が授業や研修で開発し実践してきたものばかりですので，一定の効果を確認済みです。

もちろん，誤解に対する理解を深め，入念な予防策を講じたとしても，誤解がまったくなくなることはないでしょう。ネットでの接触も含め，人と接している限りは，おそらく誤解を完全になくすことはできません。でも，誤解について多くの事例を知り，また，なぜ誤解が起こるのかを理解することによって，つまり，メタ認知を働かせることによって，ある程度予防ができるとともに，早く誤解に気づくことができ，亀裂が深まる前に関係修復が可能になるのではないでしょうか。人間関係にいたずらに臆病になるのではなく，誤解についてのメタ認知的知識を蓄えたうえで積極的に人とコミュニケーションをとることによって，誤解をも克服する力を身につけることができるのではないかと考えています。

2.「コミュニケーションのメタ認知」とは

本書の副題となっている「コミュニケーションのメタ認知」とは，自他のコミュニケーションを客観的にとらえて調整することを意味します。ここで言う「メタ」とは，「より上位の」といった意味です。認知心理学においては，これまで，記憶，理解，学習についてのメタ認知をそれぞれ，メタ記憶，メタ理解，メタ学習と呼んできまし

た。これらは，記憶，理解，学習をそれぞれ客観的にとらえて調整することを意味するものです。その流れからすると，コミュニケーション（について）のメタ認知は「メタコミュニケーション」と呼ぶことになるでしょう。しかし，メタコミュニケーションという概念は，メタ認知とは異なる意味ですでに存在しています。

　入江（1993）は，グレゴリー・ベイトソンの定義を紹介し，メタコミュニケーションとは，コミュニケーションについてのコミュニケーションを指すと述べています。たとえば，ふたりの会話に後から入ってきた3人目が「何を話しているの？」と尋ねたり，会議の議長が，コミュニケーションの開始や中断・終了の合図，発言順序の指示，一定のテーマについての発言や沈黙の要求などを行うのは，すべてメタコミュニケーションであると言います。さらに，電話で話す際の「もしもし」「はい，○○です」なども定式化されたメタコミュニケーションと見なしています。したがって，コミュニケーションを調整するためのコミュニケーションが，メタコミュニケーションということになります。

　さらに，メタコミュニケーションに関連する概念として，メタメッセージがあります。メタメッセージとは，タネン（Tannen, 1986）によれば，私たちの発言（メッセージ）を枠づける（フレーミングする）ための間接的なメッセージのことです。たとえば，辛辣な批判の言葉が親しい間柄で笑顔とともに投げかけられれば「冗談」になったり，ほめ言葉が冷たい口調では皮肉になったりするわけです。「これは冗談だよ」「これは皮肉です」といった言外のメッセージが，メタメッセージということになるのです。相手の話を聞きながら打つあいづちやうなずきも，「ちゃんと聞いていますよ」「続けてください」というメタメッセージととらえることができます。

　このように，コミュニケーションに関しては，メタ認知の概念が現れる前から，すでに「メタ」を冠した言葉が用いられているため，

非常に紛らわしいという事情があります。そのため本書では，コミュニケーションについてのメタ認知をメタコミュニケーションとは呼ばず，「コミュニケーション（について）のメタ認知」と呼ぶことにします。

目　次

はじめに　i
序　iii
　1. 本書の目的と構成　iii
　2. 「コミュニケーションのメタ認知」とは　vi

───── I　事例編 ─────

1章　日常の中の誤解 ・・・・・・・・・・・・・・・・・ 3
　1. 笑って済ませられる誤解　4
　2. 笑っていられない誤解　10
　◆コラム1　ある主婦の災難　17
　3. かなり深刻な誤解　18
　◆コラム2　ある大学院生の悲劇　22

───── II　解説編 ─────

2章　誤解の言語学的背景 ・・・・・・・・・・・・・・・ 29
　1. 言語表現の誤解調査　30
　（1）誤解経験の意識化と誤解内容の言語化　30
　（2）誤解内容の分類　32
　2. 音韻論的誤解（聞き取りの誤り）　33
　3. 統語論的誤解（文法解釈の誤り）　34
　（1）省略表現に関するもの　34

(2) 修飾語－被修飾語，主語－述語，主語－目的語の関係づけに関するもの　36
　4. 意味論的誤解（意味解釈の誤り）　37
　　(1) 方言に関するもの　37
　　(2) 同音異義語に関するもの　39
　　(3) 多義的表現に関するもの　40
　　◆コラム3　「のび太」に似ていると嬉しいか？　42
　　(4) 抽象的表現・専門用語・流行語に関するもの　43
　　(5) 主観的表現に関するもの　44
　5. 語用論的誤解（意図解釈の誤り）　45
　　(1) 間接的要求に関するもの　46
　　(2) 間接的拒否に関するもの　48
　　(3) その他の間接的表現に関するもの　50
　　(4) 指示表現に関するもの　52
　　◆コラム4　誤解で絞首刑になった男がいた!?　53
　6. 発話意図の解釈と心の読み取り　54

3章　誤解の心理学的背景(1)：言語内容の誤解・・・・・59
　1. 情報の非共有に起因する誤解　60
　　(1) 語の意味の非共有　61
　　(2) 省略語の非共有　62
　　(3) 含意（発話意図）の非共有　63
　　◆コラム5　高くついた冗談　66
　2. 予想・期待に起因する誤解　67
　　◆コラム6　わかりにくい話　69
　3. 記憶の歪みに起因する誤解　73
　　◆コラム7　いつの間にか「亡くなって」いたキング夫人　75

4．他者視点の欠如に起因する誤解　　83
　　5．気分・感情に起因する誤解　　89

4章　誤解の心理学的背景(2)：言語内容以外の誤解　・・・　93
　　1．コミュニケーション・メディアに起因する誤解　　93
　　2．あいづちとうなずきの乏しさに起因する誤解　　98
　　3．パラ言語と表情に起因する誤解　　100
　　◆コラム8　誤解を招いたメラビアン　　103
　　4．その他の非言語に起因する誤解　　105
　　(1) アイコンタクト　　105
　　(2) 物理的距離　　106
　　(3) 着席位置　　108
　　(4) 身体接触　　110
　　(5) 服装や持ち物など　　111
　　(6) 文字フォント　　112
　　◆コラム9　「エレガント平成」騒動　　113

5章　誤解の文化論的背景　・・・・・・・・・・・・・　117
　　1．日米のコミュニケーション文化の違い　　117
　　2．日米摩擦の裏にある誤解　　125
　　3．日米の表情差　　127
　　4．男女間のコミュニケーション文化の違い　　130
　　◆コラム10　あるカップルの破局　　134
　　5．日本国内でのコミュニケーションの文化差　　135
　　◆コラム11　お茶漬け伝説　　137

6章　コミュニケーションに関わるメタ認知と脳機能　・・・　141
　　1．メタ認知とは何か　　141

2. コミュニケーションに関わるメタ認知　　143
　　◆コラム12　メタ認知を働かせすぎると…　150
　　3. コミュニケーションにおけるメタ認知と関連する概念
　　　　151
　　（1）視点取得　152
　　（2）心の理論（theory of mind: TOM）　153
　　（3）共感（empathy）　156
　　（4）メンタライジング　157
　　（5）マインド・リーディング　158
　　4. コミュニケーションとメタ認知を司る脳領域　160
　　◆コラム13　急に人間関係がうまくいかなくなった青年の謎
　　　　166
　　5. 社　会　脳　167
　　6. メタ認知と脳　173

●────────── Ⅲ　予防・対策編 ──────────●

7章　誤解の予防と対策　・・・・・・・・・・・・・・・　179
　　1. 予防・対策を要するコミュニケーションの悩みとストレス　179
　　2. メタ認知を促すコミュニケーション・トレーニング
　　　　186
　　（1）誤解事例分析シートを用いた演習　186
　　（2）不十分な説明材料を用いた演習　191
　　（3）自らのスピーチ・プロトコルを作成する演習　194
　　（4）討論を評価し合う演習　196
　　（5）「言わなかったこと」を「言った」と思わせる演習　199
　　（6）誤解を誘発するメッセージを作る演習　200

（7）非言語情報の伝達演習　201
　◆コラム 14　「なべなべ，そこぬけ」の動作を言葉で説明して
　　　　　　　　みると…　202
　（8）概念や考えを図で表現する演習　206

おわりに：メタ認知によるコミュニケーションの改善に向けて
　　209
引用文献　211
事項索引　221

Ⅰ 事例編

事例編では，まず，日常生活の中で起こった誤解を，解釈をまじえずにそのまま紹介する。その誤解例を，結果的に見て，笑って済ませられる誤解（ほとんど問題のない誤解），笑っていられない誤解（やや問題のある誤解），そして，かなり深刻な誤解（問題のある誤解）に分類した。

1章　日常の中の誤解

　この章では，日常生活の中で起こった誤解の事例を紹介する。他者の経験は，自分自身の経験に比べて客観視しやすい。「どのような状況で，どのような誤解が起こったのか」を客観的にとらえ，原因を冷静に考えることができる。

　ある特定の事例の個別性を脱文脈化（一般化）し，誤解の一般的傾向として理解しておくことは，誤解についてのメタレベルの知識，言い換えるとメタ認知的知識をもつことになり，この知識が豊富に蓄積されることによって，誤解の予防にもつながることが期待できる。そうした目的から，まずは事例を見ていくことにしたい。ここでは便宜的に，結果から見た分類として，笑って済ませられる誤解（ほとんど問題のない誤解），笑っていられない誤解（やや問題のある誤解），そして，かなり深刻な誤解（問題のある誤解）に分けておくことにする。

　なお，事例はすべて実際に報告されたものであり，できる限り趣旨を変えないようにしているが，次の理由から，記述例に対する最小限の加筆・修正を行っている場合がある；①個人やグループの特定を避ける，②表記等の誤りを正す，③意味のわかりにくいものをわかりやすくする，④冗長さを避ける。

　参考までに，各事例には性別と報告時点での年齢を併記している。各事例の見出しは筆者による。

1. 笑って済ませられる誤解

　友人から「トイレに行こうねぇ」と声をかけられたら，あなたはどうするだろうか？　おそらく，「一緒に行こう」との誘いだと受け取り，「うん」と答えてついて行くか，「さっき行って来たから」などと断るかのどちらかだろう。でも，そのように答えた時，相手がきょとんとしていたら…？

　誤解の中には，このように，ほとんど問題のないものもある。これらは，笑ってすませられる誤解である。送り手，受け手の双方に害がなく，感情的なしこりも残さない。たいていは受け手の問い返しによって発覚し，また，受け手が後から自分で気づく，といった形で誤解が解消する。以下に，事例を紹介する。

◆トイレは一緒に？

　トイレに行ってから授業に行こうと思って，友達に「先に行ってて」という意味で，「トイレ行こうねぇ」と言ったら，友達も一緒について来た。地元では，これが1人でトイレに行くという意味なんです。(20歳　女性)

◆「天然」は届け出制

　母親とその友達の会話の中で，「天然だと学校に届けなくてはいけない」と言っているのを聞いて，「どうして天然だと届けなくてはいけないの？」と驚いた。私は天然を天然ボケのことだと思っていたのですが，実は天然パーマのことでした。(21歳　女性)

◆うどんの敬称

　母が私におつかいを頼んだ時のこと。うどんとそばを合わせて4玉，自由な組み合わせで100円の時に，母が「うどんさんとそば買ってきて」と言った。私が「何玉ずつ？」と聞き返すと，母はまた「うどんさんとそば」と言った。もう一度「だから何玉？」と聞くと怒りながら「うどん3 (さん) とそば1玉で4玉やろ‼」と言われた。

私は,「うどん 3」とは聞き取れなかった。なぜ母は,うどんに「さん」をつけて呼ぶのかと不思議に思った。(19 歳　女性)

◆おかずの取り合い？

「昨日ピーマンのことで弟とケンカした」と言われ,「なんでピーマンが原因でケンカするの？」と不思議に思って聞いたら,その友達が飼っている子ネコの名前がピーマンだった。ややこしい名前だ。(19 歳　女性)

◆難産 vs 安産

愛知県から来た友達が喋っていた時,「ナンザン（南山大学）の人はさぁ…」と言っていたので,私は「でも,うちは安産の家系だから…」と言った。その場に 4 人いたんですが,1 人だけが愛知の子でほかの 3 人はみんな「難産」の話をしてると思っていました。(20 歳　女性)

◆出発か到着か

友達と待ち合わせをしていて,「○時○分に行くね」と言われて,待ち合わせ場所に○時○分に着くように行ったら,15 分ほど遅れて友達がやって来ました。「15 分遅刻だよ」と友達に言ったら,「えー。○時○分に行くって言ったよ」と言われました。どうやらその友達は,○時○分に家を出るという意味だったようです。(21 歳　女性)

◆カラスは人間？

母からのメールで「繁華街で黒いカラスがふらついていて,女の子たちを追い掛け回しているみたいだから気をつけなさい」というメールがきて,私は鳥のカラスだと思ってしまったが,実は"黒いスーツを着たキャッチのお兄さん"のことを言うみたいだった。(20 歳　女性)

◆そんなこと聞かれても……

私は愛知県の三河出身なので,三河弁がよく出てしまう。「私,昨日すっごくかわいいバッグ買ったじゃんね」と言うと,三河出身以

外の人はたいてい「知らんけど…」と答える。私は「買ったのよ」と"報告"のつもりで言ったのに，「買ったよね」と"同意"を求められたと感じてしまうらしい。(19歳 女性)

◆靴にも穴が

サークルの後輩に「穴があいている」と言われました。靴に小さな穴があいていて，そろそろ新しいのを買おうかと思っていたので，「よくこんな小さな穴に気づいたね」と言ったら「気づきますよ」と言われた。「実は両方あいているんだよ」と言ったら後輩が変な顔をしたので，「靴の穴でしょ？」と聞いたら「上着」と言われました。よく見たら，カーディガンのポケットの部分が破れていて，穴があいていた。(22歳 男性)

◆ネズミを捕るおじさん

友達と車に乗っていてトンネルに入った。友達が「トンネルの出口は道がまっすぐだからってスピード出すと，ネズミ捕りがいるから気をつけてね」と言った。私は「トンネルの出口にはネズミを捕っているおじさんがいるので，車でひいてしまわないように，スピードの出しすぎには注意」と誤解してしまった。(19歳 女性)

◆きちゃない

私の住む地方は，人が来ないことを「きちゃない」と言う。それで，「○○教授，きちゃないな，本当にきちゃないな。どないしちゃったんやろ」と大学で言ったところ，「何てことを言うんだ！」と先輩に怒られた。「先生は疲れてはいるが，汚い服は着ていない」と。(30歳代 男性)

◆家庭の問題で相談？

夜中に携帯メールが届いていた。確認すると教務課長からでタイトルが「ご相談」だった。内容は「家庭の件でご相談したいことがあるので，明日ご都合のよい時間をお知らせください」とのこと。以前，課長から娘が不登校で困っていると聞いたので「ご家庭で何

かあったのか？」「それにしてもなぜ，私に相談するのだろう？」と不思議に思っていたら，私の担当する来年度の授業科目「家庭」の履修についての相談事だった。（30歳代　女性）

　その他の例を知りたい読者のために，他の回答例を表1-1にまとめておく。興味のある方は参照していただきたい。

表1-1　笑って済ませられる誤解（その他の例）

みりん
　東三河出身なので，方言で言葉の終わりに変な言葉がつくのですが，「やってみりん！（やってみな！）」と言うと，「え，みりん？」と調味料のみりんだと思われてしまった。（22歳　女性）

わらびっていい
　「わらびっていいよね」と話していたら，友達は動物（ワラビー：カンガルーに似た動物）のことで，私は食べ物のことだと思っていた。（22歳女性）

大工さん
　祖父から聞いた話です。「大工」さんという名字の人がいて，ある日，警察に身元確認で名前を聞かれた時に「大工です」と答えたら，「職業を聞いてるんじゃない！」と言われたそうだ。（20歳　女性）

みずのみき
　「『みずのみき』って知ってる？」と聞かれ，「誰？」と答えたら，「いやいや，人じゃなくて水飲み機だよ」と言われた。（20歳　男性）

むしパン
　小さい頃，祖母に「むしパン食べんかね？」と聞かれ，虫の入ったパンと思い込み「いらない」と答えた。もちろん，それは蒸しパンのことだった。（21歳　女性）

ご飯食べに来る
　「今日ご飯を食べに来るから！」と友達に私が言うと「誰が来るの？」と言われた。鹿児島の方言で「来る」は「行く」という意味もあるので，つい使ってしまった。（21歳　女性）

寝坊したのにぃ～
「今日朝寝坊したのにぃ～」と言ったら，「だから？」「朝寝坊したのに何？」と続きを聞かれた。うちの地方では「したのにぃ～」は「～しちゃった」の意味だった。（19 歳　女性）

水木さん？
失恋して少し経ってから，友達から「元気？」というメールが届いたので，水曜日と木曜日という意味で，「水木と泣きっぱなしだったけど，もう大丈夫」と返信したら，「水木（みずき）って誰？」と返ってきた。（20 歳　女性）

もえちゃん
中学生の頃，クラスの友人たちが「もえちゃんってすごく可愛いよね?!」とうわさ話をしていました。私は自分のことだと勘違いし，「やだ，もう。そんなことないってー」などと謙遜した。後でクスクス笑いながら困った感じの友人たちを見て，学年一可愛いと言われていた他の「もえちゃん」と気づき，恥ずかしかったです。（27 歳　女性）

ゴジュウ
バイトでゴミ箱のゴミ袋を「5 重」にしてと言われたのを「50」と言われたと思い，ゴミ箱の前で悩んでいた。（20 歳　女性）

39
このコート「39 で買ったよ」と友達が言ったので，私は 3900 円だと思い，「えー！安いねぇ!!」と言ったら，実は 39000 円だった。桁が違っていた。（19 歳　女性）

若いね
母が外出する時，服装がかっこよかったので「若いね」と言ったら，「若作りしている」と言われたと思って，服を変えようとした。（20 歳　女性）

いくら
三河弁で「行くら？（行くでしょ？）」と言ったら，食べ物のイクラだと思われて，「えっ，イクラ…？」と言われた。（22 歳　女性）

いる？
一緒に食事をしていて，味見のつもりで，私が「いる？」と自分の食べ物をあげると，もうお腹が一杯だと思われて，全部食べられてしまった。（21 歳　女性）

行こうよ
友達が展覧会の話をしていた時に，「私も行きたい」と話したら，友達が

「行こうよ」と言ったので，一緒に行くものだと思っていたら，次の日に友達から既に見たとメールがあった。どうやら，「行こうよ」というのは，「行きなよ」「行くべきだよ」という意味だったみたいです。（21歳　女性）

いいですか
たこ焼きのバイトをしていて，お客さんに「たこ焼きにマヨネーズをかけてもいいですか？」と聞いたら「いいです」と言われたので，マヨネーズをかけてもいいのだと思って，「かけてもいいですね」ともう一度聞くと，「いや，いらないです」と言われた。（21歳　女性）

使いきれん
仕送りについて話していて，「やっぱり親の金やけん，使いきれん」と言ったら，「別に全部使わなくてもいいじゃん」と言われた。私は「使えない」の意味で言った。方言で「〜できる」を「〜しきる」という。（21歳　女性）

水がまける
「水がまける（こぼれる）」と聞いて，水と何かが戦ったのかと思った。（21歳　女性）

お湯のみ下さい
バイト中にお客様に「お湯のみ下さい」と言われたので，お湯だけ持っていったのですが，本当は湯飲みが欲しかったらしく，笑われました。（19歳　女性）

アポロ回して
友人が（お菓子の）アポロチョコを私に渡してきて，「まわして」と言った。アポロを回転させると何か起きるのかと思い，箱ごとまわしていたら，みんなでまわして食べてという意味だった。（19歳　女性）

自分
私は相手のことを「あなた」ではなく「自分」と言う。友人は私自身の話をしていると思っていた。（20歳　女性）

コウイチ
中学3年の頃，「あいつはコウイチと一緒に来るで，やだー」と誰かが言ったので，「コウイチ」なんて名前の人は地元に誰もおらんと思った。実は，「年上の，高1（高校1年生）の人」という意味だった。（20歳　男性）

おいくつですか？
店員と話をしている時，「おいくつですか？」と聞かれ，年齢を答えたら，品物の数だった。（19歳　女性）

> **トイレ行けるん**
> 「トイレ，いけるん（行かなくても大丈夫）？」と言われて，「トイレに一人で行ける？大丈夫？」とバカにされているのかと思った。（22歳　女性）

　こうした誤解は，ごく他愛のないものであるが，時には，誤解の影響が後に残ってしまう場合がある。そうした事例を次に見ていきたい。

2. 笑っていられない誤解

　「この券で食べてきてください」と，500円のケーキセットの券を渡されたなら，もちろんあなたはその「タダ券」を喜んで受け取り，食べに行くだろう。でも，それが実は「500円払えば食べられる券」だとしたら…？

　誤解がもとで，相手の感情を傷つけたり，なんらかの損失を与えたりすると（あるいは自分自身がダメージを受けると），もはや笑ってはいられなくなる。あとから誤解を解いて謝るなど，適切に対応することでなんとか収拾できたとしても，一時的には関係が悪化したり，それほど大きくはなくとも損失が残ってしまったりする。以下に，事例を紹介する。

◆ケーキセットは無料か有料か

　旅行に行って，添乗員の人が500円のケーキセットの券を全員に配っていた。「この券で食べてきてください」と言われ，ツアー客のほとんどの人が無料で食べられると思った。しかし，食べ終わって券を出して帰ろうとした時にお金をとられ，お客がみな，あとから添乗員に文句を言っていた。「500円支払えば食べられる」という説明を添乗員がしっかりとしていなかったために，このような誤解が起こったのだと思う。バス内はその後，とても気まずいムードになってしまった。（21歳　女性）

◆不信感の表れ？

目上の人との会話の中で，資格取得のための学習の仕方について教えてもらったが，その人の方が私よりも格段に頭がよく，その学習方法が自分には合っていないように思えたので，「その方法で受かりますかね」とつい言ってしまい，謙遜するつもりがその方法をただ否定するようにとられてしまった。言葉が足りなかった。どこかに「僕でも」という言葉を入れればよかったと思う。(22歳　男性)

◆私の話を聞かない彼氏

お店で彼氏と話している時，自分が一生懸命話をしている最中に相手に「そろそろお店出ようか」と言われ，話を聞いていないと誤解して喧嘩になった。本当は，電車の時間だったからと後でわかった。(21歳　女性)

◆今の連中は……

親父がテレビで騒いでいる若者を見ながら，「今の連中はなっとらん」と怒りだしたので，「この人たちが特別であって，現在（今）の人たちみんなじゃないよ」と言ったら，「今，テレビに映った奴らはと言ったじゃないか！お前は俺の話を聞いていない！」とキレられた。誤解ではあるが，逆ギレだろ！と思った。(20歳　男性)

◆いつやめるの？

バイトをやめてしまう人にいつまで一緒に働けるのか聞くつもりで「いつバイトやめるの？」と聞いたら「そんなに早くやめてほしいの？」って言われました。その後，そんなつもりで言ったんじゃないのにって言ったら，それだったら「いつまでバイトできるの？」って聞いてよと注意されました。(21歳　女性)

◆すごくえらそう

友達から「体調悪いから休む」という電話がかかってきた時に，周りにいた人たちに「○○ちゃん，具合悪いんだって。すごくえら

そう（辛そう）な声だった」と言ったら，「なんでそんな偉そうな態度なの？」とビックリしていた。「えらい」というのが方言だと初めて知って，かなりの衝撃だった。（20歳　女性）

◆悲しい前髪

美容院で「前髪はどうされますか」と聞かれたので，「少しだけ切ってください」のつもりで「少しだけ」と答えたら，切らずに残す部分を「少しだけ」にされてしまった。前髪が悲しいほど短くなっていた。（20歳　女性）

◆ウサギは楽しいか

自分と友人2人と先輩1人で帰っていて，先輩がウサギを飼っているという話になった。男の怖そうな先輩がウサギを飼っているというギャップにびっくりして，「やっぱりウサギを飼っていて楽しいですか？」と聞いたら周りの空気が固まった。自分は「やっぱりウサギを飼ってると楽しいことあるんですか？　1人の時に寂しくないとかあるんですか？」というつもりで聞いたのが，彼は「ウサギなんか飼ってて何が楽しいんですか？」と言われたと思ったらしい。誤解はその後解けましたが，あの空気は忘れられない。（19歳　女性）

◆いきなり困るわ

彼氏と遊びに行く日，メールで「今から行くわ」と言われたので，準備を始めると，1分後に家のチャイムが鳴って慌てた。私と彼の家は車で30分程離れており，彼が家を出るときにメールをしたと思ったのだが，彼はもうすぐ着くという意味でメールしたらしい。（22歳　女性）

◆あなたはその程度の人

友人が「こんな失敗をしてしまった」と話してくれて，世の中そういうことはよくあるよ，と言うつもりで「そんなもんだよね」と言ったが，その友人の能力が低くてそんなものだよ，と言ってしま

ったかのような雰囲気になってしまった。(21歳　女性)

◆**君にあげる意味**

中3の担任の時，生徒に問題集を渡し，「がんばってね。この問題集を君にあげる意味をよく考えて」と言った。「応援している」というメッセージだったのだが，生徒は自分が高校入試に不合格となる可能性が高いと受け取ったらしく大泣きした。(30歳代　男性)

◆**有意義なことって……**

ある日，娘は一人で家にいた。「遊ばないで，有意義なことをやりなさい」と私と妻は指示した。帰った時，私は娘に「宿題は終わったか」と聞いた。「まだ終わってない」と娘は答えた。それを聞いて私は「遊ばないでと言ったのに，なぜ人の話を聞かない！」と厳しく叱ってしまった。娘は泣いた。後で気がついたのだが，娘の部屋はきれいになっており，自分の部屋の掃除をしていたことがわかった。(30歳代　男性)

その他の例を知りたい読者のために，他の回答例を表1-2にまとめておく。興味のある方は参照していただきたい。

表1-2　笑っていられない誤解（その他の例）

いいよ，いいよ

友達とふたりで食事に行った時に，会計で私がまとめてお金を支払った。店を出た後でお金を計算して細かい金額になり，友達がきっちり出そうとしたので，「（細かいお金は）いいよ，いいよ」と言った。すると，相手に「ありがとう」と言われ，私がおごるはめになってしまった…。(21歳　女性)

これ食べていいよ

「これ食べていいよ」と渡されたおにぎりを一つ丸ごと食べていいものだと誤解して食べてしまったら，一口という意味だったみたいで，その子のお昼はおかずだけになってしまいました。(20歳　女性)

明日遊びに行く
　友達に「明日遊びに行く」と言われて，明日は一緒に帰ることができないんだと思って「わかった」と返事を返した．次の日「じゃあ，どっか行こう」と言われた時に「わかった」が「私も行く」という返事だと受け取られていたらしくて「行けない」と言うと怒られた．（21歳　女性）

いい子やと思うよ
　妹の友人が失恋で悲しんでいたので，相談に乗っていた．自分としては励ますつもりで「○○さん，いい子やと思うよ」と声をかけたりしていたら，僕に好かれていると思って，今度はそのことで悩んで妹に相談したりしていた．できるだけ相手を受容したり，自信をつけさせるためにほめ続けていただけなのだが…．（21歳　男性）

ゆっくり来て
　友達と待ち合わせをしていて，私の方が先に来たので相手にメールしてみたら，急いでも到着に30分はかかると言われた．近くに本屋があったので30分くらいなら時間がつぶせると思い，「こっちはなんとかなるから，急がなくてもいいよ．ゆっくり来て」とメールで返したら，本当にゆっくりして来ちゃったらしく，友達が来たのはそれから2時間も経った後だった．（21歳　女性）

10時10分前
　電話で時間を言う時，10時10分前（9時50分）を10時10分前（10時7，8分）とまちがえられた．（18歳　男性）

つき合ってほしい
　「買い物につき合ってほしい」と言ったのに，「自分とつき合ってほしい」と誤解された．（18歳　女性）

しんどいわー
　体がしんどいから「しんどいわー」って連発したら，彼女に一緒にいるのがそんなにしんどいのかと誤解された．（21歳　男性）

じゃあ
　会話の最初などに「じゃあ，そうしよう」のように「じゃあ」という言葉をつけて返事をして，相手に「何，その言い方」と言い返された．「じゃあ」という言葉が「もうそれでいいよ」や「相手の意見に適当に合わせて，どうでもいい」と考えているように思われるようです．（21歳　男性）

駅で待ち合わせ
　友達と駅で待ち合わせしていて，自分は勝手に中央口だと思い込み友達に

駅名しか言わなかったため，友達はずっと西口で待っていた。（21歳　女性）

疲れたからもういいわ
彼女と電話している時に，相手から急に「疲れたからもういいわ」と言われたので，別れたいという意味かと思ったら，電話を切るだけだった。（21歳　男性）

どうでもいいよ
友人が言った「どうでもいいよ」（「どちらでもよい」の意味で言った）を，「勝手にしろ」ととらえてしまった。（21歳　男性）

行きたくね？
「行きたくね？」という「行きたいよな」という意味で言った言葉が「行きたくない」という意味でとられた。（18歳　男性）

まだいるの？
サークルにめったに顔を出さないA君。合宿の人数確認が必要なのでA君と同学年のB君に「Aってまだこのサークルにいるの？」って聞いたら，「○○さん，ひどいですよ。いるに決まってるじゃないですか！」と言われてしまった。（20歳　男性）

もういいよ
人と約束をしていて，自分はその約束の前に用事があって，それが終わってもう会えるよっていう意味で「もういいよ」とメールしたら，もう来なくていいよっていう意味だと思われてしまった。（22歳　女性）

はあ？
口癖で，物事が分からない時に「はあ？」と聞く癖がある。それは本当は「なんて言ったの？　もう一回」という意味なのに，ヤンキーとか喧嘩を売る時の「はあ？」に聞こえたらしく，喧嘩になったことが何度もある。（21歳　男性）

適当
自分ではよい具合のサイズを選んだということで「適当」という言葉を使ったら，いいかげんにサイズを選んだという「適当」にまちがえられた。（34歳　女性）

あした
「あした」という表現で，たとえば5日の午前1時頃に言った時に，自分では5日のつもりだったが，相手には6日のつもりで伝わっていた。（22歳　女性）

帰ってこおわい
「(私は愛媛出身なので) 帰ってこおわい (じゃあまたね，の意)」と伊予弁で言ったら，帰ってまた来るのだと友達は思ったらしく，ずっとそこで待っていて，怒りの電話がかかってきてビックリした。(20歳　女性)

何してんの？
メールで「何してんの？」と送られてきたのを，私は怒られていると誤解した。(19歳　女性)

なんで来たん？
みんなで遊ぶ時に，集合場所に行ったら一人の子に「今日，なんで来たん？」と言われたので，「え？　約束したやん。私来たらあかんかった？」と寂しく思いながら答えると，その子は慌てて「ちがうちがう！　今，何に乗って来たん？」と聞き直された。(19歳　女性)

これ，ほっといて下さい
「これ，ほっといて下さい」と言ったら，周りの友人がそれをゴミ箱へ捨ててしまった。私は"置きっぱなしにする"という意味で言ったのに…。(19歳　女性)

やべぇ
待ち合わせをしていて，ちょっと遅れるという意味で「やべぇ」とメールを送ったら，もう来れないという意味だと解釈されて，行ったらもう友達はいなかった。(21歳　男性)

何分に出るの？
いつも駅まで母に送ってもらっているのですが，「何分に出るの？」と聞かれ，私は電車の出発時刻を言ったはずが，母は家を出る予定時刻を聞いていたらしく，電車に乗り遅れた。(19歳　女性)

わかるー
相手の子が「あの子何考えてんだかわかんない」と言ったことに答えて，「わかるー」と同意したつもりだったが，「あの子が考えてることがわかる」と誤解された。(19歳　女性)

せこそうやなぁ
友達に「せこそうやなぁ」と言われて否定したら，「いやいや，ほんまにせこそうに見えるよ」と言われた。徳島に来たばかりの頃で，「せこい」は「しんどい」という方言であることを知らなかった。「けち」「心が狭い」と言われているように思ってしまった。(23歳　女性)

コラム1　ある主婦の災難

　サトミ（仮名）さんの夫は，単身赴任をしていますが，週末は自宅に戻ります。ある日，自宅に戻っていた夫の携帯に電話がかかりました。ガス周りの点検で，「明日の午前中に伺いたい」とのことです。夫は，あまりに急な話だと思ったのですが，「急ぐ」と言われたため，せめて午後にしてほしいと頼み，「では，明日の午後1時に」と決まりました。仕事を終えて遅くに帰宅したサトミさんはその話を聞き，「えっ，たしか前回はずいぶん早めに日程調整をしてくれたのに」と戸惑いました。ガス漏れ警報器も点検の対象になると聞いていた夫は，「火災報知器も点検するんじゃないか」と言い，サトミさんは，「え，そんな…。じゃあ，全部の部屋に入るってことじゃない！」と驚きました。そうなると，家じゅうの片付けが必要です。サトミさんは，翌朝，早起きしてコーヒーを一杯だけ飲み，すべての部屋を必死で片付けました。日頃掃除を怠っていたガステーブルもピカピカに磨き上げ，時計を見ると約束の1時に。
　「あー，やれやれ。早く来て済ませてくれないかしら」
　その時，夫の携帯に電話が。
　「よかった。きっと，すぐ行きますっていう電話ね」
　ところが，夫と先方の会話は何やら妙な展開に。
　夫：「はい，そうです。えっ，留守？　いますよ。え，何ですって？　ちょっと，それは…」
　サトミさん：（「えっ，何？　どうしたの？」）
　夫：「ああ，そういうことですか。でもねぇ，今頃言われても…。はぁ，今度は1週間前には言って下さいよ」
　サトミさん：（「えっ，今日は来ないの？　困るわ，今日来て

もらってよ。せっかく掃除もしたし」)
　夫：(サトミさんの小声の訴えを手で制しながら)「はい，では，よろしくお願いします」
　「いったい，どういうことなの？」と詰め寄るサトミさんに夫が説明しました。ガスの点検対象は，夫の単身赴任先のアパートであって，自宅ではなかったとのこと。相手が「○○ガスですが」と名乗らなかったため，自宅で電話を受けた夫は，てっきり自宅のガス点検だと思い込んだということでした。それを聞いたサトミさんは，空腹と徒労感のため，へなへなと座り込んだのでした。

　日常生活では，より深刻な誤解も起こり得る。そうした事例を次に見ていきたい。

3. かなり深刻な誤解

　「この書類そこにお願い」とシュレッダーを指さして言われたなら，あなたは何の迷いもなく，書類をシュレッダーにかけるだろう。でも，「そこ」がシュレッダーではなかったとしたら…？
　誤解によって，受け手をひどく怒らせてしまったり，大きな損失を被らせてしまったりすることもある。もちろん，逆に送り手がダメージを受ける場合もある。誤解を解こうとしても完全には解けなかったり，また，誤解が生じたことに気づかないままでいたりすると，人間関係がこじれる原因となる。一度こじれてしまうと，関係の修復は困難な場合が多い。あるいはまた，誤解が解けたとしても，取り戻すことのできない損失を与えてしまうことがある。以下に，事例を紹介する。

◆戻らぬ重要書類

バイトで「この書類そこにお願い」と指さしながら言われ，私はその指さした先が，シュレッダーに見えたので，「わかりました」と言った後，大事な書類をシュレッダーにかけてしまった。(19歳　女性)

◆出て行けって？

先輩と，やや険悪な雰囲気の中で会話していた時，「早く言ってよ（早く何か言いなさいよ）！」と言われたのを，「早く行ってよ（早く出て行ってよ）！」と誤解し，部屋を出て行こうとして，その場の雰囲気がさらに悪化した。(20歳　女性)

◆死ねだなんて……

私は岡山県出身なんですが，友人と少し喧嘩をしてしまい，その翌日，宿題を学校でしていたその友人に「早くしねぇ（はやくしなよ）」と言ったら，「早く死ね」と言ったと思われた。かなりショックを受けたらしく，誤解が解けるまで口を聞いてもらえませんでした。(21歳　女性)

◆手を握らない理由

昔，体育祭のダンスの練習中，相手の手を握らなければならなかったのだが，手のひらを怪我していたため握ることができなかった。それを相手に言っていなくて，私が他を向いている時に相手が私の手を握ったため，無意識のうちに「触るな！」と振りほどいてしまった。痛かったから振りほどいたのだが，「相手を嫌っている」ととられ，相手は泣くし，周りからは冷たい目で見られてしまった。(21歳　男性)

◆去って行った彼女

昔，高校の時，当時付き合っていた彼女に，文化祭の準備で忙しい頃，彼女のクラスは学年で一番頑張っていたので冗談のつもりで「そんなに頑張ってたら，他のクラスが勝ち目ないじゃん」と言っ

たら，非難と取られたらしく，泣かれて別れる原因の一つになった。（22歳　男性）

◆そして私はイジメに遭った

私は，友人Mとともに部活のコーチに呼ばれて，「来年の部長，副部長はお前たちだから，しっかりやれ」と言われた。それを受けて，「私」が別の友人Yに「ちゃんとやれるかな」と不安な気持ちを伝えたところ，Yは，私がMとうまくやれないと考えていると誤解した。そのことをYがMに話したため，それ以後卒業までMからのいじめを受け続けた。しかもその間，私は，なぜ自分がいじめられているのかわからなかった。（30歳代　女性）

◆ひどい教師なのか？

小学校の教員をしていますが，インフルエンザが流行っている頃に，人混みで体調が悪くなった児童に対して，「マスクしとく？」と言葉をかけました。それは，インフルエンザがその子にうつらないように，その子の身を守るために，という意味だったのです。でも，その子の受け取り方は違いました。「先生は私がインフルエンザだと決めつけて，人にうつらないようにマスクをさせようとした」と解釈したのですね。その子は神経質なたちで，自分がインフルエンザだと思われたことを苦にして，家で保護者に「ひどい！」と訴えたそうです。（30歳代　女性）

◆今後は送らないで下さい

昨年，日本の友人からお土産をもらった。私は嬉しかった。それでEメールでお礼の言葉を送った。最後に「お土産を送るのはお金がかかるから，今後わざわざ送らないで下さい」と書いた。そして返事をもらった。友人は怒っており「私のお土産が嫌だったんですね。これからはご迷惑をおかけしない」と書いていた。「これは，私の国（中国）でよく使われる表現だ」と説明したが，結局理解してもらえなかった。（30歳代　男性）

3. かなり深刻な誤解

◆大丈夫ですか？

三者面談（中3・進路）の場面で，遠方の高校への進学を希望している生徒だったので，「（通学するのが）ちょっと大変ですけど，大丈夫ですか？」と言ったつもりが，成績不振で合格できそうにないと言っていると受け取られた。（30歳代　女性）

その他の例を知りたい読者のために，他の回答例を表1-3にまとめておく。興味のある方は参照していただきたい。

表1-3　かなり深刻な誤解（その他の例）

土曜だけでもやるようにしましょう
私が部活指導に行っている中学校が，土日は部活をしていなかった。そこで，「今度からは，土曜だけでもやるようにしましょう」と言ったら，顧問の先生は私が毎週土曜日に来ると思ったらしく，行かなかったら怒って電話してきました。（21歳　男性）

おもしろくなかったしね
メールで友達が開いた飲み会の後に「今日はあまりおもしろくなかったしね」と送ったら，「今日はあまりおもしろくなかった死ね」という風に友達がとってしまって，今でも気まずい関係です。（19歳　男性）

おはよう先輩
中学の時に「おはよう」と言われたので，冗談交じりに「おはよう先輩」と言ったら，どうやらそれが「おはよう天パ（天然パーマ）」に聞こえたらしく，ものすごく怒られた。何度訂正しても，「今さら，もういい！」と言われ，そのまま卒業してしまった。それ以来しゃべっていません。（20歳　女性）

チェッ
中学校の時，班で1人代表で作文を読まなければいけなかった。代表者が私に決まりかけた時，たまたまペンの音か何かが私の舌打ち（チェッ）の音に聞こえたらしい。同じ班の女の子たちに不快感を与えてしまったらしく，しばらく口を聞いてもらえなかった。その時は全然わからなかったけど，あとでその子たちに聞いて誤解がわかった。（20歳　女性）

弱いぞ

高校生の時，部活動で校内戦があった。この試合に勝ったペアが団体戦のメンバーに選ばれる。試合中，自分の士気を高めるために声掛けをしていたが，白熱して思わず「(うちらは) 弱いぞ，かかってこい」と言ってしまった。それが，相手のことを弱いと言っているととらえられ，その後かなり気まずい雰囲気になった。凄い目つきで睨まれて，どうしようかと思った。(21歳　女性)

ちょっと

教育実習中，担当の先生以外から「ちょっと話があるんだけど。放課後ちょっとだけ時間ちょうだい」と言われたので，それを担当の先生にそのまま言ってその先生のところに行った。30分くらいで話が終わって，担当の先生のところに戻ると，「『ちょっと』って，こんなに長いの？」と言われて，かなり怒られた。(22歳　男性)

コラム2　ある大学院生の悲劇

　以前，ある大学で起こったことです。指導を受けていた先生に提出したレポートを誤解され，先生とうまくいかなくなり，ついには研究室を出て行かざるを得なくなった大学院生がいました。以下が，問題のレポートです。

　(本人の了解を得て，字句の誤り修正および文章の短縮化を行った。下線，強調文字は筆者による。)

「感性を磨くために」
新聞のコラムを見た。
「父親がさぁ，またリハウスするとか言ってぇ。母親は『どうせ中古マンションよ』とか言ってぇ」。
「とか言ってぇって言うと，なんかさぁ，のめり込まないですむじゃん」と若者が話していたそうだ。こうした言い方には，

断言を避ける気分が潜むのではないかと述べられていた。断言を避けて自分さえも他者化してしまう。まるで，そこには個がないように見えるが，僕にはなぜか，逆説的に，強い個が隠れているようにも思える。

　僕は，今まで先生のゼミでやってきて，うるさいぐらい自分自身の勝手な意見を主張してきたように思う。そうすることが，感性を磨くことになると思っていたからだ。しかし，最近「そうすることはいけないことなのかなぁ」と思うようになってきた。先輩たちの意見を聞いても，そうしない方が賢明で，礼儀にかなっているのだそうだ。なにかソーシャルスキルをトレーニングするために大学院に来たみたいだ。先生は，"適応"という言葉は嫌いだとおっしゃっていたのに，目下のゼミ生が先生への適応ばかりを考えなければならないなんてギャグのように思う。

　他者の心を感じるということは，他者に適応することだろうか。前述の若者の会話の中に見られるような，強い個を隠し持ち，他者と深い関わりを持とうとしない中で，果たして本当に豊かな感性を磨くことができるのか。それならば，<u>他者の心を感じて自分の心に響かせるというよりも，他者の心を感じるふりをしてはね返している，単なる偽善者にすぎないと思う。適応することのみに注意を払い，他者の心を受け入れようとしない</u>。そこには頑固で断固として動かない強い個が存在する。しかし，これでは真の意味での感性は磨かれたことにはならないのではないだろうか。

　問題は，下線部です。この中で，「他者」は先生を指していました。つまり，省略を復元すると，「（僕たちは，）<u>先生の心を感じて自分の心に響かせるというよりも，先生の心を感じるふ

> りをしてはね返している，単なる偽善者にすぎない」「(僕たちは，)適応することのみに注意を払い，**先生**の心を受け入れようとしない」となります。しかし先生は下線部を，次のように読み取ったのです。「(先生は，)**僕たち**の心を感じて自分の心に響かせるというよりも，**僕たち**の心を感じるふりをしてはね返している，単なる偽善者にすぎない」「(先生は，)適応することのみに注意を払い，**僕たち**の心を受け入れようとしない」。つまり，先生は，自分に対する強烈な非難であると受け取ったのでした。
>
> 　レポートの中にあるように，もともとこの書き手が，ゼミで「うるさいぐらい自分自身の勝手な意見を主張してきた」という背景があり，先生の目には，反抗的な学生と映っていた可能性があります。先生も若干，苦々しく思っていたのかもしれません。そうした人間関係の中で起こった誤解と考えられます。本人としては，「**他者**」は先生を指しているつもりでしたが，背景に，これまでのいきさつから来るネガティブな対人感情があったことから，このような誤解を生んでしまったのではないでしょうか。

　たぶん実際には，トラウマとなるようなひどい誤解を経験した方々がいるはずである。しかしながら，誤解の事例収集においては，思い出したくないもの，報告したくないものについては報告する必要がないことを，協力者に告げている。その結果，収集することができた事例の中には，あまりに悲惨な誤解経験は出てこなかった。こうした収集上の制約のもとでさえ，読んでいて心配になるような例が見受けられることから，現実の誤解の深刻さを推し測ることができる。また，一見，ごくささいな聞き誤りといった誤解であっても，状況によっては，深刻な結果を招くということもわかる。

人間関係に亀裂が生じ，自分自身を窮地に追い込みかねない，このような誤解は，なぜ起こるのだろうか。次の「解説編」では，こうしたさまざまな誤解が起こる原因について見ていくことにする。

II 解説編

解説編では，まず3つの背景—言語学的背景，心理学的背景，そして文化論的背景—から誤解の成り立ちについて解説していく。さらに，これらの背景をふまえた上で，コミュニケーションに関わるメタ認知および脳機能の観点から，誤解をはじめとするコミュニケーションの問題を考える。

2章　誤解の言語学的背景

　誤解の中でも圧倒的に多いのは，言葉の誤解である。そこで，この章では，特に言葉の誤解を取り上げ，言語学的な背景から誤解を考えてみたい。言語学の観点から誤解を見ることで，言葉が本来備えている本質的な曖昧さに気づくことができるだろう。そうした曖昧さは解釈の多様性を招き，誤解を引き起こすことにつながる。このような言語学的な知識は，言葉の誤解を含む言語的コミュニケーションについてのメタ認知的知識ととらえ得る。2章では，言語学的な側面におけるメタ認知的知識の獲得を目的として，具体例に基づき誤解の背景を探ることにする。

　まず，話し言葉を中心に，言語学の研究分野に当てはめてみると，そもそも誤解は次の4つに大きく分類することができる。

・音韻論的誤解　言葉の音の聞き取りについての誤解
・統語論的誤解　主として文法的な解釈についての誤解
・意味論的誤解　言葉の意味解釈についての誤解
・語用論的誤解　言葉の用い方・発話意図についての誤解

　筆者が以前に行った，言葉の誤解経験についての調査をもとに，これらについて考えてみたい。

1. 言語表現の誤解調査

　ここで紹介する調査結果は，京阪神地区の大学生男女369名を対象としたものであり（有効回答は349名分），年齢は18歳から22歳までであった。対象者への質問は，誤解経験の有無および誤解を招いた言語表現の内容であった（三宮，1987）。調査の内容は以下の通りである。

> 　私たちの日常生活においては，いろいろな種類の誤解が生じますが，その1つに言葉（言語表現）の誤解があります。これについて，以下の質問にお答え下さい。
> 1) これまで，あなたの言った（書いた）ことが，他の人に誤解されたことがありますか。（「はい」「いいえ」で回答）
> 2) （もしあれば，）それはどのような状況で，どのような表現が招いた誤解であるのか，できるだけ詳しく述べていただけますか。
> 3) これまで，他の人の言った（書いた）ことを，あなたが誤解したことがありますか。（「はい」「いいえ」で回答）
> 4) （もしあれば，）それはどのような状況で，どのような表現が招いた誤解であるのか，できるだけ詳しく述べていただけますか。

(1) 誤解経験の意識化と誤解内容の言語化

　回答のおもな内訳を図2-1，図2-2に示す。図2-1の「はい」反応は，誤解内容の言語化の有無により，図2-2のように分かれる。
　まず，図2-1を見ると，誤解されたこと・誤解したことのそれぞれにおいて，「いいえ」とする回答，つまり誤解経験がないという回答が少なからずあることがわかる。大学生になるまでに，一度も誤解経験がなかったとは考えにくいため，この回答は，「意識化できていない」あるいは「思い出せない」ことを意味しているととらえることができる。「誤解されたこと・誤解したことは，あったかもしれないが思い出せない」という人が，一定数いるということだろう。

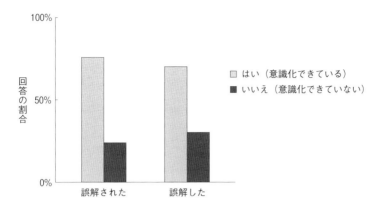

図 2-1　誤解経験の意識化の有無（三宮，1987 より）

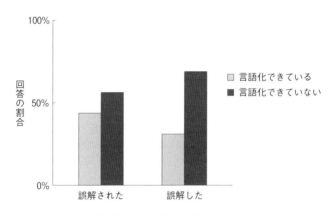

図 2-2　誤解内容の言語化の有無（三宮，1987 より）

　一方,「誤解経験がある」ということを意識化できているからといって，その内容を言語化できる（記述できる）とは限らない。図 2-2 からわかるように，誤解された内容を言語化できている人は 4 割程度（264 名中 108 名）である。さらに，自分が他者の言葉を誤解した場合には，この割合が 3 割程度（244 名中 73 名）まで減っている。言語化できていない回答には,「思い出せない」と記されているもの

が多かった。したがって、自分が誤解された内容は覚えていたとしても、他者を誤解した内容は忘れてしまったか、あるいは最初から明確に把握できていなかったというケースが多いと考えられる。

たとえ誤解経験を意識化することはできたとしても、それを言語化することは難しいようだ。私たちは、普段の生活の中で、よほど大きな問題へと発展しない限りは、誤解経験をふりかえって反芻することはなく、具体的な内容は忘れてしまうようである。

(2) 誤解内容の分類

言語化された誤解内容を言語学的に分類したものを、図2-3に示す。[1]

これらを統計的に検定したところ、誤解された場合・誤解した場合とも、音韻論・統語論レベルの誤解より、意味論・語用論レベルの誤解を報告している回答の方が多いという結果を得た。比較的単純なレベルの誤解はすぐに解け、あまり印象に残らないのかもしれない。

次に、(1) 音韻論的誤解、(2) 統語論的誤解、(3) 意味論的誤解、

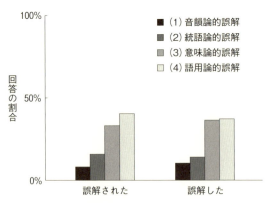

図2-3 言語化された誤解内容の内訳（三宮，1987より）

(4) 語用論的誤解のそれぞれの誤解について，三宮（1987）に基づき，回答例を紹介しながら説明していくことにする。説明の便宜上，例の中には，1章で取り上げた事例と類似したものも含まれている。

2. 音韻論的誤解（聞き取りの誤り）

　音韻論（phonetics）とは，言語音（音声）を対象とする研究分野を指す。音韻論的誤解とは，いわゆる聞き誤り，音の取り違えによる誤解である。音の似た言葉どうしの間で聞き誤りが生じることはしばしばあるが，特に発音が不明瞭であったり，また早口で話されたりした場合には，聞き誤りが一層生じやすくなる。誤解事例でこれに該当するものは，次のような例である。

（例1）
　ある点に気がついたので，「あ！ほうか」（「あ！そうか」の意）といった。するとまわりで考えていた者が「どうせあほや，悪かったなあ」といった。

　「そう」を「ほう」というのは一種の方言であるようだが，この例では明らかに聞き誤りも生じているため，どちらかといえば音韻論的誤解と見ることができるだろう。このように「ほうか」という耳慣れない言葉を聞いた時，聞き手はその直前に発せられた間投詞「あ」と結びつけ，「あほう（阿呆）か」という既知の言葉としてとらえたのだろう。未知の言葉や使用頻度の低い言葉を，自分のよく知っている使用頻度の高い言葉と聞き誤ることは多い。とりわけ，音がよく似ている上に文脈にも合う使用頻度の高い言葉があれば，さらに聞き誤りやすくなる。

（例2）

「ドイツ語の試験，わや（「ひどくできが悪い」の意）じゃった」と言ったのを「ドイツ語の試験は独文和訳であった」と受け取られた。

「話し手は，おそらくこんなことを言うだろう」といった聞き手の側の予想・期待は音声の聞き取りにも強く影響する。ドイツ語の試験は独文和訳か和文独訳のどちらかだろうとの予想をもって聞けば，「わや」を「わやく」と聞き誤るのは自然なことかもしれない。

同様に「明日の集まりは昼過ぎになるはず」と思い込んでいた場合には，「明日7時に集合」と言われると「1時」と聞き誤ったりする。この他，「体がよおう（弱く）なった」を「体がよお（良く）なった」と聞き違えたという回答例がある。

3. 統語論的誤解（文法解釈の誤り）

統語論（syntax）は文の構造を扱う研究分野を指す。本書で言う統語論的誤解とは，主として文法的な解釈の誤りによる誤解である。この調査で得られた誤解事例の中でこれに該当するものは，さらに次のように分類できる。

- 省略表現に関するもの
- 修飾語－被修飾語，主語－述語，主語－目的語の関係づけに関するもの

（1）省略表現に関するもの

統語論的誤解の多くは，省略表現によるものだろう。文の構成要

素が部分的に省略されるという現象は，書き言葉の中にも認められるが，とりわけ話し言葉において顕著に見られる。話し手は一般に，自分にとって自明である部分を省略する傾向がある。しかし，省略された部分は，聞き手にとっても自明であるとは限らない。文の意味解釈のためには，省略部分を復元することが必要だが，しばしば聞き手は，誤った復元を行ってしまう。すると，次のような誤解が生じる。

(例3)
　ある日の夕暮れ時，女の子が犬を散歩させているのに出会った。すると猫がこちらに走って来て，彼女の犬が激しく吠えて暴れ出した。そこで，僕が「猫ですか？」と聞いたら，彼女は「いいえ，犬です」と答えたのである。いかに暗かったとはいえ，犬と猫の区別くらいつくのに。

　この例では主語が省略されており，話し手は「犬を吠えさせている原因は」という主語を念頭に置いて「猫ですか？」と尋ねたのだろう。ところが聞き手は，この省略部分に「あなたが連れているのは」という主語を当ててしまい，「いいえ，犬です」と答えたものと思われる。これはやや極端な取り違えにも見えるが，次の（例4）〜（例6）は，比較的ありがちな例である。

(例4)
　「食べていいよ」といわれ，テーブルの上を見ると食べ物がのっていたので，それを食べた。しかし食べてよいのはテーブルの上のものではなく，実は別の物だった。
　また，主語・目的語・述語といった主要素以外の修飾的要素も省略されることが多い。

(例5)
　夜, 知人の家へ電話をした時, 私は今のことを指して,「お忙しかったですか？」と聞いたのに, 相手はその日一日のスケジュールをお話して下さった。

　このように,「今」という言葉が省略された時, 聞き手は尋ねられている範囲を拡大して解釈し, その日一日と受け取ったのだろう。場所や方向を表わす副詞（句）も, 場合によっては省略される。

(例6)
　体育のバスケットボールの試合で,「勝った人が出ることにしよう」といってジャンケンをした時のこと, 勝った人は「出る」を「コートの外に出る」というふうに, 負けた人は「試合に出る」というふうに解釈した。というのも, みんな長い間試合で走り回ってしんどいので, 休みたかったからである。

　このように, 聞き手はしばしば自分に都合のよい解釈を行う。

(2) 修飾語 – 被修飾語, 主語 – 述語, 主語 – 目的語の関係づけに関するもの

　統語論的誤解の2番目のタイプは, 文の構成要素間の関係づけを誤ったものである。たとえば,「ある修飾語がどの語にかかっているかを誤解した（「小さなネコの声」など）」,「主語と述語が極端に離れていたため, 対応づけに失敗した（「母が祖母と父が出かけた後で帰って来た」など）」,「助詞を抜いたために, 主語と目的語を逆にとった（「彼, 私好き」など）」などの回答はそれぞれ, 修飾語 – 非修飾語関係, 主語 – 述語関係, 主語 – 目的語関係の取り違えと見ることができる。

4. 意味論的誤解（意味解釈の誤り）

　意味論（semantics）は，言葉の意味を扱う研究分野を指す。意味論的誤解とは，言葉の意味の取り違えによる誤解である。この調査で得られた誤解事例でこれに該当するものは，さらに次のように分類できる。

　　・方言に関するもの
　　・同音異義語に関するもの
　　・多義的表現に関するもの
　　・抽象的表現・専門用語・流行語に関するもの
　　・主観的表現に関するもの

（1）方言に関するもの

　意味論的誤解の1つは方言に関するものである。方言の中には，言葉そのものがその地域特有であり，他の地域の語彙には存在しないものと，その言葉は他の地域の語彙にも存在するが，意味が違っているものとがある。前者の場合は通常，他の地域出身の聞き手には意味が解釈できず，その言葉の意味を話し手に問うことになるので，それほど問題ではない。問題は後者である。後者の場合には，他の地域出身の聞き手は自分なりに，話し手の意図したものとは異なる意味解釈を行ってしまい，これが誤解となる。次の例はこれに当たる。

（例7）
　京都の親戚の家で，朝，僕は急いでいたので，伯母に「ふとん直しといて下さい」と言って出て行った。帰って来ると伯母が，「ふと

んどこもやぶれてないよ」と言った．僕は鹿児島出身であり，鹿児島弁で「ふとんを直す」とは，押し入れにふとんをしまうことであって，繕うことではなかった．

　また，時として，方言によっては，ある言葉の意味が全く逆になり，情報を伝える際に支障をきたすこともある．

（例8）
　広島出身の友人と話していた時のこと．
　　私：「ここの範囲，テストに出んの？」
　　友人：「出んのとちがう？」
　私は「出る」の音便形の大阪弁のつもりだったのだが，友人は「ん」を否定の「ぬ」のつもりで用い，意味が全く反対になってしまった．

　尋ねた内容が当事者にとって重要なものである場合には，肯定と否定の混乱は深刻である．また，上記の例にも見られるように大阪をはじめとして関西では，ある程度の確信をもって推量を行う時，「～だと思う」の代わりに「～とちがう？」といった表現を用いることが多いが，この「～とちがう？」あるいは「～とちがうの？」という表現が，次の例のように誤解を招くこともある．

（例9）
　長野県出身の人と話していてその人の質問に答えるのに，「～とちがうの？」と疑問のつもりで言ったのに，相手には「～ではない」と否定したように伝わって，きつい感じに取られてしまった．

　この場合には，話し手の肯定推量「～だと思う」とは逆の意味「～

ではない」という否定として伝わったばかりでなく，真向から聞き手の質問をはねつけるような返事をしたと受け取られたようである。

他に方言によって意味が逆になるものとしては，「〜しなや」（禁止「〜しないで」と奨励「しなさいよ」の両方を意味する），「自分」（自分自身を指す「私」と相手を指す「あなた」の両方を意味する）などが報告されている。

(2) 同音異義語に関するもの

話し手の用いた言葉と同音異義の言葉がある場合，聞き手は文脈情報などから言葉の判断を行う必要がある。この時，文脈情報が不足したり，あるいは複数の同音異義語が同じ文脈に当てはまるものであったりすると，次のような誤解が生じやすい。

(例10)
友人との会話の中で友人が，「首相を知らない大学生がいるなんて信じられない」と言ったのを，自分はその時，部活のことを考えていたために，部活の「主将」と誤解し，何のことかわからなくなった。

使用頻度から考えても，「主将」よりは「首相」の方が想起されやすいはずだが，聞き手がその時たまたま考えていた内容が，言葉の意味解釈に対して，強く影響する。

同様の例に「雲」と「虫のクモ」が見られたが，人名や地名についても，次のように混同をきたすことがある。

(例11)
「ナスにはあまり味がない」，そんなことを話題にしていたら，そのうちのひとりは，「知人の那須（なす）という奴に個性がない」と

いう内容のつもりで，5分以上も話につき合っていた。

　この例ではたまたま，「味がない」という表現が食べ物にも人間にも通用するものであったため，紛らわしさが増したようである。それにしても，5分以上も話しを続けながら誤解に気づかなかったという事実は，あまり深く考えずに会話が行われていたとしても，やはり驚きに値する。
　この例は，私たちが一度ある解釈を行ってしまうと，いかにその解釈に固執するかを示すものと言えるだろう。異質のカテゴリー間で生じた混同の例として他に，「高田の土師（はじ）」（「広島県高田郡土師村（当時）」と「高田（という人物）の恥」）がある。

(3) 多義的表現に関するもの

　ある言葉が複数の意味をもつ場合，聞き手は文脈情報などから意味を解釈しなければならない。文脈情報が不足している時，あるいはまた，複数の意味が同じ文脈に当てはまる時，言葉の意味解釈の失敗によって誤解が生じやすい。次のような例がある。

(例12)
　人にどこかへ行こうと誘われた時に，私が「いい」と言うと，相手は私が承諾したと考えた。しかし私は，「遠慮しておく」という意味で言ったつもりだった。

　事例編にも出てきたが，「いい」という表現は，承諾・不承諾のいずれの場合にも用いられることがある。文脈から判断して，2つ以上の意味解釈が可能な場合には，聞き手の予想・期待が解釈を左右してしまうことが多い。聞き手は話し手の発話内容を，自分の考えていること，望んでいること，あるいは気にしていることと結びつ

けて解釈しがちである。次の（例13）〜（例16）には，そのことが反映されている。

（例13）
　友達が僕の靴を見て，「その靴高そうだね」と言ってきた。かねてからその靴が高価であったことを気にしていた僕は，「そうでもないけど…」と多少はにかみながら，曖昧な返事をしたが，実は彼は僕の靴の底が厚いことを言ったのであり，値段のことを言ったわけではなかった。

（例14）
　友達からキャンディーをもらった時に，「ああ，かわいいキャンディー」と言った。私は「キャンディーの形が<u>かわいい</u>」という意味で言ったのに，相手は「<u>小さい</u>キャンディーをくれた」という意味に誤解した。

　次の例も，類似した状況に基づく。

（例15）
　レストランに目上の人と一緒に入った時のこと，何かおごってくれることになった。相手の人がハンバーグステーキに先に決めて，私も緊張していたので，「ハンバーグステーキでいいです」とつい言ってしまった。まるでハンバーグステーキはたいしたごちそうでないような印象を与えてしまい，一瞬気まずくなった。

　「〜でいい」という表現は「〜で十分満足だ」という意味以外に「〜でがまんしておく」という意味でも用いられる。こうした場合，聞き手の心理状態が多義的表現の意味を規定することになる。また，それ自体は多義的ではないが，使い方によっては多義的になる表現

として，「～に似ている」がある。

（例 16）
　ある人のことを「かわいい」という意味で「のび太（ドラえもんの友達）に似ている」と言ったのに，その人は「ドジでにぶい」という意味にとって，その人との間に溝ができてしまった。

　一般に「AはBに似ている」という時，「どのような点（属性）が似ているのか」という類似属性が重要なポイントになる。文脈情報が不十分であり，属性への言及もない状況で，「AはBに似ている」と言う場合には，通常Bの最も目立つ属性が思い起こされる。しかし，何が最も目立つ属性かについて，話し手と聞き手の考えが一致するとは限らない。聞き手が，否定的な類似属性を念頭に置いてしまうこともあるので，話し手は気をつけなければならない。

コラム 3　「のび太」に似ていると嬉しいか？

　先に紹介した誤解事例の中に，「（ドラえもんの友達の）のび太に似ている」とある人に言ったところ，その人との間に溝ができてしまったというエピソードがありました。言われた相手は，あまり嬉しくなかったのでしょう。そもそも，のび太とは，どういう人物でしょうか？　のび太が登場する『ドラえもん』は，藤子・F・不二雄氏による大人気の，息の長い児童漫画です。テレビアニメも30年を超える長寿番組となり，大人から子どもまで，幅広い層に親しまれています。ですが，漫画やアニメをあまり見ていないという読者のために，少し内容を紹介しておきます。

4. 意味論的誤解（意味解釈の誤り）　43

　ストーリーは，未来（22世紀）からやってきたネコ型ロボット「ドラえもん」と，勉強もスポーツもダメで何をやってもドジばかりの小学生「野比のび太」の日常生活が中心になっています。のび太の運命は，大人になってもうまくいかず，就職もできずに起業してみたところ，その会社も倒産して，大変な借金を子孫に残してしまうという悲惨なものになるはずでした。ところが，「それでは困る！」と，のび太のやしゃご（孫の孫）である「セワシ」がドラえもんをのび太のもとに送り込み，運命を変えようとしたのです。ドラえもんは自らのミッションを果たすべく，おなかの4次元ポケットから次々と「ひみつ道具」を取り出し，のび太の窮地を救うのでした。

　これでだいたい，のび太の人となりがわかると思いますが，念のため短所をまとめると，意志が弱く怠惰で臆病，勉強もスポーツもできない，といったところです。容姿はごく平凡で，大きなメガネをかけています。そんなのび太にも，もちろん長所はあります。明るくゆったりしており，思いやりが豊かで，臆病なわりには正義感が強いといったところでしょうか。

　さて，このようなのび太に似ていると言われたら嬉しいかどうかを，「のび太を知っている」と答えた私のゼミ生のうちの男子学生と，助教さん（男性）に聞いてみました。結果は，嬉しい：0名（該当者なし），嬉しくない：13名，どちらとも言えない：2名，ということで，「嬉しくない」が圧倒的多数でした。

　みなさんは，いかがですか？

(4) 抽象的表現・専門用語・流行語に関するもの

　抽象的表現は，意味する内容が不明確になりやすい。そのため，その表現から話し手が思い描くものと聞き手が思い描くものとが一

致しない場合が多くなる。この思い描くもののずれが，次の例のように誤解となる。

(例17)
　たとえば「空間」という言葉を文系の人と理系の人が話題にした時には，定義の違いから誤解が生じる。

　他にも「友人と哲学的な議論をしている時，私がある言葉を私の考えを象徴的に表現する単語として用いた時に，私の友人は，その言葉から別の考えを連想してしまった」といった回答が見られた。専門用語の意味もまた，ある専門領域と他の専門領域との間で異なる場合があり，次の例がそれに当たる。

(例18)
　私は企業会計原則に沿った財務諸表を作ってもらいたくて，「ｂ／ｓ（貸借対照表）を作って」と頼んだところ，相手は商法上のｂ／ｓを作ってきた。会計学から勉強を始めた人は，通常「企業会計原則上のｂ／ｓ」を作り，商法学から入った人は，「商法上のｂ／ｓ」を作る習慣があるようだ。

　他に，「自分の知らない流行語の意味を誤解した」などの回答があった。

(5) 主観的表現に関するもの
　人により興味・価値観・好みなどが異なるため，同じ事がらに対しても，主観的な印象は人それぞれである。そして，この主観的な印象を，主観的な表現によって表そうとすれば，ますます話し手と聞き手の間の解釈のズレが大きくなり，次のような誤解が生じる。

（例 19）
　この冬スキーに行った時，友達が，「あそこのゲレンデ，<u>超おもしろそう</u>」と言ったので，2 人で行ったところ，そこは上級者用のゲレンデだった。友達は上級の腕前なので，平気で滑って行けたのだが，中級の自分は死にそうな思いをした。

　この他に，「下宿をさがしている時，<u>いい所</u>だと言われて行ってみると実際には<u>ひどい所</u>が多いのにびっくりした」という回答もある。
　その他，程度や可能性を表わす表現の用い方にも個人差があり，誤解を招くようである。「テストでどこが出るだろうかと聞かれた時，こちらはあくまで<u>推定</u>の範囲で言っているのに相手が<u>断定</u>と取ってしまうことがあった」がその例である。

5. 語用論的誤解（意図解釈の誤り）

　語用論（pragmatics）とは，発話の意図つまり**含意**（implicature）を対象とする研究分野を指す。言いかえれば，（相手に何かを伝えたい時の）言葉の用い方を研究する領域である（Levinson, 1983）。発話の含意は辞書的な言葉の意味を知っているだけでは解釈できない。その発話を通して話し手が伝えたかったこと（発話意図）は何かという，推測が必要になる。
　たとえば，「何か書くものを持っていませんか？」という発話は，通常，「筆記用具を持っていたら貸して下さい」を意図している。また，「今ちょっと立て込んでいて…」が相手の依頼への婉曲な断りを意図することは多い。一方，ある人が訪問先でケーキのお代わりを勧められて，「いえ，私はもう十分いただきましたので…」と言った場合，遠慮なのか，それとも本当にほしくないのか，判断は難しい。こうした発話意図の解釈を扱う分野が，語用論である。

語用論的誤解とは，発話の含意（意図）がうまく伝わらなかったことによる誤解である。この調査で得られた語用論的誤解の事例は，次のように分類できる。

・間接的要求に関するもの
・間接的拒否に関するもの
・その他の間接的表現に関するもの
・指示表現に関するもの

(1) 間接的要求に関するもの

大人どうしで，礼儀正しく何事かを要求したい時には，要求そのものを直接的に言語化することは少ない。すなわちある行為を要求する場合，「～していただくことはできますか」「～していただけると助かりますが」といった間接的表現を用いることが多い。

これらの表現を話し手の要求としてとらえることができるのは，言語表現の用い方に関する知識が，話し手と聞き手に共有されているからにほかならない。このような慣用についての共通認識が不十分である時，次のような誤解が生じる。

(例 20)
ゼミの教授が，「〇月〇日に学会の受付のお手伝いに来て下さると助かるのですが，皆さん」と言ったのを，強い要求と受け取らずに単なる願望と誤解してしまい，その日行かなかった。あとで，ほかの連中は来ていたとさんざん皮肉を言われた。

この例では，聞き手はもちろん話し手の要求に気づいていたのであるが，要求の度合いの解釈を少し誤ったものと見ることができる。

「〜して下さると助かるのですが」は，間接的要求の表現としては比較的一般的なものである。しかし，間接的要求は必ずしも一般化された表現を用いて行われるとは限らない。たとえば，次の例などは，一般的ではない間接表現を用いたために，相手に通じなかったものである。

(例21)
　自分がある人に物を貸した時，早く返してくれるよう催促するために，わざわざ「いつまで借りていてもいいよ」と言ったことをそのまま受け取られ，いつまでも返してもらえなかったことがある。

　ここでは，話し手はたぶん，催促がましい表現を使いたくないため，逆に寛容さを示す表現を用いて，借りていた物を相手に思い出させようとしたのだろう。しかし，話し手の意図は聞き手に通じなかった。間接要求表現があまりに間接的すぎ，しかも一般的な用い方として定着していないものは，相手に通じない可能性が高い。
　一方，話し手が直接的な意味しか念頭に置いていないのに，聞き手の方が気を回して，間接的な意味を見出す場合もある。「家庭教師に行った先で『おいしいコーヒー豆を買って来たので飲んでみて下さい』と言ったところ，そのコーヒー豆を使って僕にコーヒーを入れてほしいのだと思われ，純粋に喜んでもらえなかった気がして，悲しかった」という回答例がこれに当たる。つまり，この例では，話し手が間接的に「このコーヒー豆を使って僕にコーヒーを入れて下さい」と要求しているのだと聞き手が受け取ったのである。
　間接的要求の理解は，なかなか容易ではない。間接的要求がうまく伝わるかどうかについて，次のような実験がある。
　仲・無藤・藤谷（1982）は，クラーク（Clark, 1979）の方法にならい，喫茶店や酒店，銀行，洋装店などに電話をかけ，間接要求が相

手に通じるかどうかの実験を行った。たとえば，喫茶店の店員165名を対象とした実験では，閉店時刻を教えてほしいという要求を伝えるにあたって，「閉店は何時か教えていただけますか」という一般的な間接要求表現と，「閉店は7時かどうかわからないんですけれども」という，一般的ではないが比較的意図がわかりやすい間接要求表現，「閉店は7時前ですか」という意図のわかりにくい間接要求表現などを用いた。これらの発話に対して，相手が閉店時刻をすぐに教えてくれたならば，要求の意図が伝わったと見なし得る。結果は，一般的な間接要求表現や比較的意図がわかりやすい間接要求表現に対しては閉店時刻を教えてもらえたが，「閉店は7時前ですか」のような意図のわかりにくい間接要求表現を用いた場合には，2割強の割合で「いいえ」という返答だけが返って来ることを示していた。このことから，あまり一般的でない，遠回しな間接要求表現は，相手に通じないことがあると肝に銘じる必要があるだろう。

そもそも，間接要求表現が使われるのは，主として，要求を受け入れた時に相手の負担が大きくなる場合である。岡本（1986）は，日本語においては，相手に対する要求量が大きいほど，「～して下さい」のような直接表現が用いられにくくなり，「～してもらえませんか（～していただけないでしょうか）」といった否定疑問形や「～していただきたいんですが」などの間接表現の使用が増加することを実験的に示している。この点からすれば，仲らの実験で用いられた要求は，相手にかける負担が小さく，通常は直接表現で済ませる類いのものであった。それにもかかわらず，あえて意図のわかりにくい間接要求表現を用いたために，理解されにくかったのかもしれない。

(2) 間接的拒否に関するもの

間接的要求の場合と同様に，要求・依頼・提案などを拒否する際に間接表現がしばしば用いられる。仲（1986）は発達的研究の中で，

年齢が進むにつれて拒否表現が間接的になっていくことを見出している。確かに私たち成人が社会的場面において要求を断わる際には、「だめ」「いや」といった直接的拒否表現はめったに用いない。しかしながら、この間接的拒否表現の使用においても、間接性ゆえの曖昧さが残り、拒否の意図が伝わらず誤解となる可能性がある。拒否の意図が正しく伝わらなかったものとして、次の（例22）（例23）がある。

（例22）
　友人からの依頼を、「忙しいからどうなるかわからない」と言って断わったつもりでいたら、相手はそう受け取ってくれなかった。
（例23）
　誘いを断るつもりで、「考えとくわ」と冷淡に言ったのに、相手はそれを言葉通りに受け取り、後でまた、「どうするつもりか」と尋ねてきた。

　「忙しいからどうなるかわからない」「考えておく」といった、返事を回避する表現が間接的拒否に用いられることは確かにある。しかし、言葉通りに直接的に用いられることも少なくない。このような微妙な表現においては、表情や間の取り方、口調（例23では「冷淡に」とある）などが意味解釈の手がかりとなり得るのだが、聞き手にとってはかなり解釈が難しい。
　また、先の例とは逆に、聞き手が気を回して、話し手の言葉を間接的な拒否と受け取る場合もある。

（例24）
　どこかに遊びに行く計画を立てていて、なかなか決まらないので「また今度にしよう」と言ったら、グループの中のひとりが、自分た

ちとは遊びに行きたくないのでそんなことを言ったのだと誤解した。

　何かをするという行為を延期する提案が，ここでは行為の拒否と取られている。こうした場合，「今度」という曖昧な表現を避けて，「来月」などと具体的に提案すれば，純粋に延期を提案していることが伝わりやすくなる。

(3) その他の間接的表現に関するもの
　要求や拒否に限らず，私たちはまた，間接的に気持ちを伝えたり，何かを主張したりすることがある。そのような場合，直接的には伝えにくい内容であることも多い。次の例がそれに当たる。

（例 25）
　「〜さんのこと，嫌いやねん」と友達が言った。友達は冗談プラス照れかくしで逆のことを言ったのだが，私は本当に嫌いなのかと思った。

　他にも「冗談で言ったことを本気だと受け取られた」「皮肉のつもりで言った言葉を真に受けられることがある」などの回答例が幾つか認められた。また，これとは逆の誤解として，聞き手が気を回しすぎた次のようなケースがある。

（例 26）
　タバコを吸っている女性に対して，「あなたはタバコを吸うのですか？」と尋ねると，「ああ，けむたいですか」と言われた。女性でタバコを吸う人は男性より少ないから尋ねただけだったのだが。

　疑問の形で苦情を言うというケースも実際にはよくあり，単なる

質問との見分けは難しい。一般に，他意のない発言の裏に意図があると読み取られてしまうことは，珍しくはない。次も，そうした例である。

(例 27)
　私が友人の車に乗っていた時，まわりを走っている車を見て，「あの車かっこいい，いいなあ」などと言っていると友人は，「この車降りてその車に乗せてもらったらいいでしょ」と言って怒ってしまった。私は別にその友人の車がいやだなんて思ってないのに…。

　ある特定の人やものをほめるということは，相対的に，それ以外の人やものをあまり評価しないという意味に受け取られかねない。この例では，(あまりかっこよくない) 車に回答者を乗せている友人への「あてつけ」のように誤解されてしまったのだろう。
　また，遠慮がちに，要求を控えめに表現したことが誤解を生んだという，次のような例もある。

(例 28)
　「暇な時でいいから電話してきて下さい」と友達に言った時，私は「忙しかったら悪いので暇だったら」と言ったのを，相手は「別にどうでもいいんだな」と誤解した。

　この例では，「暇な時でいいから」と限定を設けたことが，「話し手はそれほど切実には自分 (聞き手) からの電話を望んでいない」と受け取られたようである。また，同じ表現からもう一歩進んで，「暇な時に電話をくれる程度にして下さい。あまり頻繁では困ります」という解釈が成り立たなくもない。この種の表現は，聞き手の構えが楽観的か悲観的かによって異なる解釈を招くようである。

間接的表現には他にも，**皮肉**（irony）という表現がある。これは，本心では否定的な評価を下しているにもかかわらず，逆にほめることで，その対象を貶（おとし）めるという言い方である。しかし，その意図が伝わらなければ，皮肉の目的は達成できない。たとえば，上司が，指示された仕事を忘れても平然としている部下に，「君は本当に責任感が強いね」と言った場合，その部下が誤解して言葉通りに受け取ってしまえば，皮肉どころか，ほめ言葉になってしまう。

　皮肉か，それとも本当にほめているのかを判断するには，口調や表情，客観的評価とのギャップなどから推測することになる。岡本（2004）は，日本語に特有の手がかりとして「過剰な丁寧さ」を挙げ，自分よりも下位の相手に対する敬語など丁寧すぎる発話は，皮肉とわかりやすいと言う。たとえば，うまくない絵を描いた後輩に対して，「本当に色のセンスがおありですね」と言う場合がそれに当たる。

(4) 指示表現に関するもの

　語用論的誤解の中には，一見単純に見えるが，「これ」「それ」などの指示表現によって生じる誤解がある。聞き手は話し手の用いた指示表現から指示対象を見極めなければならないが，時として見極めを誤ることがあり，これが誤解となる（「それ取って」の「それ」をソースだと思ったが実は塩を指していた，など）。この時の調査では，この種の誤解に関する回答には具体例が比較的少なく，「指示対象の取り違え」といった一般化された答え方が目立った。これは，他の種類の誤解に比べて誤解内容が日常的によく起こるため，かえって記憶に残りにくいためかもしれない。

　他に，「連想の違いが誤解を生む」「論理の違いが誤解を生む」といった報告が見られた。このことは，同じ文化に属している人々の間においてさえ，ある言葉から連想する内容や，ものごとを考える時の論理には，食い違う部分もあるにもかかわらず，私たちはしば

しば「相手も自分と同じことを考えるだろう」という暗黙の前提に立って発話を行っていることを示唆している。

コラム4　誤解で絞首刑になった男がいた !?

1952年の話です。ロンドンの郊外クロイドンで窃盗を計画して警察に追われた男がいました。その男デレックは，ともに逃げた仲間のクリストファーに対して，こう叫んだと言われています。

"Let him have it, Chris!"

この発言が，「彼（警察官）を撃て，クリス！」という意味に解釈され，そのためデレックは絞首刑になりました。しかし，この発話には，実はもう1つの意味解釈の可能性があるのです。それは「彼（警察官）に銃を渡せ，クリス！」という意味です。

弁護人は後者の解釈を主張しましたが，結果的には，検察側の前者の解釈が支持されたのです。今となっては，デレックがどちらの意味で言ったのかを知るすべもなく，真相は永遠にわからないままです。

もちろん，検察の言い分が正しかったのかもしれません。でも，もしかして，それが誤解だったとすれば…。

この実話は，イギリスの刑事裁判の歴史の中でも悪名高い事例として，カーストン（Carston, 2008）が報告しているものです。ただし，カーストンは刑法学者ではなく言語学者ですので，デレックの発話解釈を問題にしています。論点は，この発話解釈が意味論に基づくものか，それとも語用論に基づくものかというところにあります。岡田（2010）は，この議論を紹介し，語用論的に意味解釈が決定されるとしています。

> 意味論なのか語用論なのかという，言語学上の議論はさておき，誤解にまつわる怖い話だと思いませんか？

6. 発話意図の解釈と心の読み取り

　語用論的誤解は，心理的過程の影響が，特に強く現れたものである。この種の誤解には，相手の考えていることをどう読み取るかという「心の読み取り」の問題が関わっている。

　言語学における**自然言語**（私たちが日常生活の中でふつうに使用している言語）の理解のための語用論研究においてもまた，言語学の枠組みの中だけでは問題を扱い得ないのではないかとの認識が深まっている。山梨（1986）は，「自然言語のメカニズムを理解していくためには，狭い意味での文法的な知識だけでなく，話し手・聞き手の心理的な態度や，社会的な対人関係を考慮した，語用論の体系的な研究が必要になる」（p. 219）と述べている。

　言葉は必ずしも辞書的にのみとらえきれるものではなく，同じ言葉を発したとしても，誰の発言か，どのような状況での発言か，送り手と受け手の関係はどのようなものかによって，送り手の伝えたいことが異なる場合がある。

　語用論の父と呼ばれた，イギリスの哲学者オースティン（J. L. Austin）は，日常言語学派のひとりであり，発話内容の真偽をもっぱら論じる従来のとらえ方だけでは不十分だと考えた。彼は，日常会話における発話を「何かをするための行為」ととらえ，著書 "How to do things with words"（1962）（邦題『言語と行為』，1978）の中で，**発話行為**（speech act　**言語行為**とも訳される）という概念を導入した。たとえば，「この子ネコの名前をピーマンにする」という発話は，事実を問題にするものではなく，「命名」という行為を行うものである。また，「私はのどが渇いている」という発話は，

「飲み物を下さい」という要求行為となり得る。さらに，「私は忙しい」という発話は，「あなたの依頼を断る」という拒否行為となり得る。しかしながら，こうした発話行為は，解釈が一義的に決まるわけではなく，発話を取り巻く背景，つまり話し手と聞き手の人間関係を含めた**文脈**（context）によって変化する。そのため，誤解が生まれるのである。

オースティンは49歳の若さで亡くなるが，サール（J. R. Searle）が後継者として発話行為論を精緻化し，発話行為が成り立つための条件を明確にする作業を行った。たとえば，「こう暑いと，のどが渇きますよね」という話し手の発話を，聞き手が要求行為と解釈するためには，「話し手は飲み物を欲している」「話し手は，（聞き手である）私が飲み物を話し手に提供することができると考えている」と見なすことが前提条件となる。こうした判断が，発話解釈に際して，ほぼ無意識的に行われているのである。

また，オースティンと親交のあったグライス（H. P. Grice）は，発話の文字通りの意味と言外の意味すなわち含意の違いを明らかにするために，**会話の協調原則**（cooperative principle）として，「自分が参加している会話の中では，その場の参加者が当然と認める目的や方向性に違反しないように協力する」という原則を示している。この原則はやや抽象的だが，その下位要素として，より具体的な次の4つの公準（maxim），いわゆる**グライスの公準**がある（表 2-1）。

表 2-1　グライスの公準 (Grice, 1975)

①量の公準	必要な情報はすべて提供し，必要以上の情報は提供してはいけない。
②質の公準	本当だと思わないことや十分な証拠のないことは言ってはいけない。
③関連の公準	関連のないことは言ってはいけない。
④様式の公準	不明確な表現や曖昧な（多義的な）言い方を避ける。（冗長さを避け）簡潔に言う。整理して話す。

　この公準を守ることが，協調原則に従うことであるが，話し手は，しばしばこれらに「意図的」に違反する。たとえば，会社の宴会で社員が芸を披露したときに，「よっ，大統領！」などと声をかけることがあるが，社員が大統領であるはずはなく，質の公準に違反している。そこで，文字通りの意味とは別のところに，発話の含意を求めることになる。その結果，この発話は比喩であり「最高！」といった意味を表すことがわかる。他にも，明らかに本音の評価とは逆の肯定的評価（「素晴らしい」など）を皮肉だと解釈し直すなど，グライスの公準に照らして，発話の再解釈を行うことが可能になる。
　しかし，それでもやはり，話し手が字義通りの意味で言っているのかそうでないのかを，完全に見分けることは困難である。それゆえ，発話の意図解釈に時として誤解が生じるのである。なかなか貸した物を返さない友人に対して「いつまで借りていてもいいよ」と，あえて逆のことを言ったところ，言葉通りに受け取られたという本章の（例21）も，発話意図の解釈が難しい。
　ある発話が何を伝えようとしているのかを知るためには，言葉そのものの字義的意味に加えて，その場の状況（文脈）から話し手の思いを推測することが必要である。したがって，語用論的解釈は，その人の心を読み取ること（mind reading）と見なすことができる

(Sperber & Wilson, 2002)。文脈に照らして相手の意図を理解するためには，その人の考えや気持ちを理解することが大きな手がかりになる。

　コミュニケーションにおける意図や感情の誤解の背景には，心の問題がある。人間関係の中で生じる誤解の原因を探るためには，誤解という現象の背景にある心理的な要因を知ることが欠かせない。そこで，次の3章では，誤解の心理学的背景について見ていくことにする。

注
1) 誤解内容の言語学的分類に際しては，言語学者の協力を得た。

3章　誤解の心理学的背景（1）：言語内容の誤解

　2章では，言語表現の誤解調査に基づき，誤解の言語学的な背景について論じた。とりわけ語用論的誤解は，話し手の心を聞き手が読み取る過程で生じた誤解であるが，他の種類の誤解についても，話し手の心理を抜きに論じることはできない。つまり，あらゆる誤解には，心理学的な背景がある。この章では，まず，言語内容の誤解を取り上げ，その心理学的な背景を考えてみたい。

　まずは，言語内容の誤解要因を次の5つに分けてとらえることにする。

・情報の非共有に起因する誤解
・予想・期待に起因する誤解
・記憶の歪みに起因する誤解
・他者視点の欠如に起因する誤解
・気分・感情に起因する誤解

　はじめの4つは，受け手による言語情報の処理の仕方に起因するという意味で，認知的な要因による誤解である。これに対して5つ目は，受け手の気持ちのあり方に基づく，感情的な要因による誤解である。以下，順に見ていくことにしよう。

1. 情報の非共有に起因する誤解

何と言っても誤解が起こる背景には，送り手と受け手の間で情報が共有されていない場合が挙げられる。三宮（2008a）では，情報の非共有を次の3つの場合に大別している。

(1) 語（言葉）の意味の非共有
(2) 省略語（省略された言葉）の非共有
(3) 含意（言葉の背景にある意図）の非共有

ここで，誤解が招いた結果を示したものが表3-1である。

この中で，トラブルに発展した誤解事例の原因を，先に述べたように，語の意味の非共有，省略語の非共有，含意の非共有に分類すると，表3-2のような内訳になった。

表 3-1　誤解が招いた結果の分類

(1) トラブルに発展しなかった	55.2%（59件）
(2) トラブルに発展した	
・受け手のネガティブ感情喚起	25.2%（27件）
・受け手（時には送り手）の不都合・損失招来	19.6%（21件）
計	100%（107件）

（三宮，2008a より）

表 3-2　トラブルを招いた誤解原因の分類

(1) 語の意味の非共有	54.2%（26件）
(2) 省略語の非共有	12.5%（6件）
(3) 含意の非共有	33.3%（16件）
計	100%（48件）

（三宮，2008a より）

誤解事例を見ながら，これら3種類の誤解原因について，順に説明していこう。

(1) 語の意味の非共有

送り手にはわかっている言葉の意味が，受け手にはわからないことがある。たとえば，事例編に出て来た方言「やってみりん（やってごらん）」「行くら？（行くでしょ？）」「えらい（しんどい，疲れた）」といった方言など。地元でいつも使っていた言葉を，何気なくよその土地でも使ってしまうと，うまく伝わらない場合がある。まったく通じなくて，「えっ？」と聞き返されるならまだいいのだが，別の意味で伝わってしまうと，修正の機会を失う。しかも，否定的な意味合いで受け取られると，深刻な事態を招きかねない。その最たるものは，「しねーよ」を「死ねよ」ととられる場合である。

(例1)
「早くしなさい」という意味で「はよ，しねーよ」（岡山方言）と言ったところ，「はよ，死ね」と言ったのだととられて，けんかになった。

「しねーよ」に関する報告は，多数見受けられ，岡山出身の人が，何気なく用いがちであることがわかる。他にも，次のような例がある。

(例2)
大学祭に向けて遅くまで模擬店の準備をしていたとき，用事で先に帰ることになり，「じゃあ，悪いけど帰ってくるな」と言った。友達も不思議そうな顔もせず，「ああ，俺はもう少しやっとるから」と言ったので，通じたものと思い大学を後にした。ところが友達は

「一度帰ってまた来る」と誤解し，ずっと待っていた。

　この「帰ってくる」という表現も，なかなか意図した通りには理解されないようである。
　誤解を招く言葉は，何も方言だけに限らない。標準的な言葉であっても，意味が受け手と共有できていない場合がある。しかも，送り手の伝え方というよりも，どちらかと言えば受け手の受け取り方に問題があると考えられる，次のような事例もある。

(例3)
　ある友人のことをほめて「気の置けない人」（気を遣わずにいられる人）と言ったところ，それを聞いた別の人は「気の許せない人」といった意味でけなしたと受け取った。

　この事例では，受け手が「気の置けない」という語の意味を知らず，否定的な意味に受け取ってしまっている。最近では，「気の置けない」の意味を誤って否定的にとる人が増えてきているため，注意を要する語である。同様に，料理をほめる時に「これ，やばい！」という若者言葉を使うことにも，慎重になる必要がある。ある程度以上の年齢の受け手には，「やばい」は「危ない」「怪しい」などの否定的な意味で受け取られることが多い。「気の置けない」のように，たとえ受け手の知識不足の問題があったとしても，送り手側の配慮により，誤解を防ぐことは可能である。その表現を果たして受け手が正しく解釈できるかということを，送り手が十分に配慮できていない場合に，誤解が生じやすい。

(2) 省略語の非共有

　日常会話では，言葉の省略が多いが，省略された語が共有できて

いないことに起因する次のような誤解がある。

(例4)
「もう時間も遅いから」と思ったので「帰ろうか」と言った。すると相手は，「私といても楽しくないので，帰ろうと言ったのだ」と受け取り，傷ついた。

理由の説明を省いたことによる誤解は少なくない。この例のように，受け手が送り手の発言を否定的な意味合いでとらえた背景には，「相手に好かれていないのではないか」という自信のなさ，不安感があるものと考えられる。

(例5)
(海外で現地のおじさんが)「写真を撮ってあげる」と言うので無料で撮ってくれるのかと思い頼んだところ，撮影料を請求された。

この例においては，「有料で」という言葉を，送り手が意図的に省略したのかもしれないが，文化・習慣の違いにも原因を求めることができる。日本では，観光地などで見知らぬ人が写真を撮ってくれる場合，通常は金銭を要求しないからである。日本でそうした習慣になじんでいると，外国でもそれが通用すると期待しがちである。

省略された部分の復元には文脈情報が用いられるが，一般に，文脈手がかりが乏しい場合には誤解が生じやすいため (Wardhaugh, 1985)，注意を要する。

(3) 含意(発話意図)の非共有

発話の含意が共有できていない場合にも，誤解が生じる。発話の含意とは，送り手が発話に込めた意図すなわち発話意図のことであ

る。一般に大人は，他者からの誘いや依頼を断る時には，直接的な断り方を避ける傾向がある。「いや」「だめ」などとストレートに断るのは，通常，小さい子どもだけである。大人は，代わりに婉曲表現を用いる。仲（1986）の発達研究においても，年齢が上がるにつれて，他者からの要請を断る際の拒否表現が間接的になっていくことを明らかにしている。したがって，受け手は，婉曲表現の中に送り手の発話意図を読み取らねばならない。しかしながら，「用事があるので」「時間がないので」といった拒否の婉曲表現は曖昧であり，送り手が本当はどう思っているのかを知ることは難しい。たとえば，次のような例がある。

（例6）
（「一緒に食事に行きませんか」という誘いに対して）「用事があるので行けない」と答えたところ，「一緒に行きたくない」と誤解された。

（例7）
（友人から週末のゴルフに誘われて）「ゴルフなぁ，おもしろそうだなぁ。けど，やったことないし，道具もないし，今度の週末は予定も入ってるし」と断ったつもりでいた。ところが友人は，（条件が整えばゴルフに行きたいと言っているのだと誤解し）ゴルフクラブを用意した上で，いつなら行けるかと聞いてきた。

　この2つの例では，発話の含意が共有できていない。（例6）では，受け手は送り手の言外の意味を「あなたとは一緒に行きたくない」と誤って受け取っている。逆に，（例7）では，受け手は送り手の言外の意味を「本当はゴルフに行きたい」と誤って受け取っている。これらは語の辞書的意味を超えた，語用論に関わる誤解であり，心理的な要素が強い。誤解の言語学的背景においても紹介したが，間接的要求，間接的拒否の解釈に際しては，誤解が生じやすい。ある

表現に要求，あるいは拒否の意図があるのか否かを判断するのが難しい場合があるためである。ある意図を伝える時の，送り手の言語表現スタイルが受け手のそれと異なっている場合には，解釈がすれ違う。

　言葉で何かを伝えようとする時，どのような言語表現を用いるかが問題であり，ものの言い方は，単なる言語的な意味だけではなく，社会的な意味を伝達する（Tannen, 1986）。人によって，直接表現と間接表現の使い分け方やウェイトのかけ方が異なり，これが**会話スタイル**の差であるとタネンは言う。会話スタイルの異なるふたりが会話をすれば，発話意図の誤解が生じ，人間関係が悪化しかねない。たとえば，次のような場合である。

　ステファニーの夫の母親は，犬を連れて遊びに来る習慣がある。可愛い犬だが神経質でしつけが行き届かず，ステファニーの犬に吠えるため，たいてい大騒ぎになってしまう。そこで，犬を連れて来ないでほしいと，義母にそれとなく伝えてみる。
　「お母さんのワンちゃんを連れて来ない方がいいんじゃないでしょうか。だって，うちの犬とあまり仲よしでないせいか，吠えるので，つないでおかなければならないし，お母さんのワンちゃんだってきっと嫌でしょう…。」
　義母はステファニーの気遣いに感謝するものの，まったく大丈夫だと請け合う。つまり，ステファニーの言いたいことに気づかない。そこで彼女は，もっと直接的に，自分が嫌なのだと言わざるを得ない。義母は別に感情を害するわけでもないのだが，ステファニーは，そこまではっきりと，不作法なことを言わせる義母に腹を立てる（Tannen, 1986）。

タネンによれば、ここでの問題は義母の性格ではなく、ふたりの会話スタイルの違いにあった。ステファニー流の控えめで丁寧な表現は間接的であり、おそらく意図がわかりにくいのだ。

こうした誤解は、とりわけ双方向的な対話場面においては、必ずしも送り手だけの責任とは言えない。というのも、たとえ送り手側の発話に不備があったとしても、受け手がその曖昧さや納得のいかなさに気づいて質問や確認を行っていれば、誤解を回避できる可能性が高いからである。つまり、誤解が発生する際には、情報の送り手側と受け手側の両方に原因がある場合が少なくない。

ただし、意図の紛らわしい発話をした送り手側の責任が、100％問われる場合もある。コラム5のケースは、その例である。

コラム5　高くついた冗談

　アメリカ系航空会社の飛行機内で、起こった出来事です。ロサンゼルスに向けて成田を離陸し、40分ほど経った頃、客室乗務員の女性が飲み物のサービスに回って来ました。英語に少し自信のあったあるビジネスマンは、乗務員が来た時に、座席の下に置いてあったペーパーバッグを指さして、冗談のつもりで"This is a bomb"（これは爆弾だよ）と言ったのです。乗務員の女性は驚いた顔をしましたが、すぐにものすごい形相に代わり、急ぎ足で前の方に向かって歩き出しました。冗談が通じなかったのかなとビジネスマンが考えていると、再び彼女が戻って来て、彼にそのバッグを差し出すよう命じました。焦ったビジネスマンが笑いながら、「いや、さっきのは冗談ですよ。本当は、ワインが入っているだけです」と言ったのですが、彼女はもう聞く耳をもたず、頑としてバッグをよこせと繰り返します。

仕方なく彼がバッグを差し出すと，彼女はそれをこわごわ持って，キャビンに向かって運んで行きました。

　さすがにビジネスマンは，とんでもないことになったと気づきましたが，後の祭りでした。その5分後，機内アナウンスが流れました。「みなさん，機長からお知らせします。ただ今，機内で危険物が発見されましたので，この飛行機は急遽，成田に戻ることになりました」。

　けっきょく，飛行機は再び成田に戻り，乗客はただちに近くのホテルに宿泊することになりました。200名以上の乗客の予定が丸1日遅れてしまいました。その後，航空会社からビジネスマンに数百万円の請求が届いたとのことです。

　これは，久米・長谷川（2007）が紹介しているエピソードですが，単に「冗談」という意図が伝わらない場合があるというだけでなく，状況によっては，言ってはならない冗談があるということを示す話です。とりわけ昨今のように，テロが多発している状況においては，こうした紛らわしい冗談は禁物と言えるでしょう。

2. 予想・期待に起因する誤解

　受け手は送り手の発話である言語情報を，自分の予想や期待に基づいて解釈することになる。そのため，予想・期待に合致する方向に解釈が歪められることが多い。

　一般に私たちが他者の言葉すなわち言語情報を処理する際には，2種類の処理過程が同時に働く。1つは，部分情報の処理を積み上げて全体の意味を把握する**ボトムアップ型**（bottom-up）処理である。送り手の言葉を解釈する際には，音声情報をそのままの形で取り込み，語や句の意味の同定，文法情報の活用，言語外知識の活用

などにより，発話全体の意味解釈へと至るものである。たとえば，事例編の「昨日，ピーマンのことで弟とケンカした」という発話を例に取ると，次のようなボトムアップ型処理を経て解釈される。

音声情報

↓ 感覚情報の入力（音声の聞き取り）から感覚記憶へ

「キノウピーマンノコトデオトウトトケンカシタ」

↓ 感覚記憶からワーキングメモリーへ（意味処理の開始）
（「昨日」「ピーマン」「弟」「ケンカする」などの語を長期記憶から呼び出す）

「昨日，ピーマンのことで弟とケンカした」

↓ 発話内容の解釈

「（私は）昨日，（野菜の）ピーマンをめぐって弟とケンカした」

↓ 発話状況の推測

（彼女は昨日，弟と夕食のおかずのピーマンの取り合いっこでケンカをしたのだろうか…？）

　前もって手がかりが示されなくとも，送り手の話をきちんと聞くことで意味解釈が可能になるというのは，ボトムアップ型処理によるものであるが，この例のように，ボトムアップ型のみの処理には限界がある。

　これに対して他の1つは，上から下へと降りて行く**トップダウン型**（top-down）処理と呼ばれる。こちらは，ボトムアップ型処理とは逆に，状況や文脈などから，あらかじめ何の話かという全体の意味がわかっており，まず来るべき言語情報への予想・期待が形成され，この予想・期待に基づいて情報の細部の解釈がなされる。前出の「昨日，ピーマンのことで弟とケンカした」の発話の前に，「私の

家では，ピーマンという子ネコを飼っている」という情報が示されていれば，ピーマンが野菜ではなく子ネコを指していることが，受け手に伝わりやすくなっただろう。トップダウン型処理とボトムアップ型処理の概念は，ノーマンとボブロウ（Norman & Bobrow, 1976）が提唱している。

　このトップダウン型処理に大きく関与するものとして，解釈の枠組となる知識のまとまり，すなわち**スキーマ**（schema）（Bartlett, 1932）がある。スキーマは，あるテーマについての知識のまとまりを意味する。たとえば，職業スキーマの1つである教師スキーマとして，私たちがもっているスキーマは，「教師はまじめである」「教師は親切である」「教師は子ども（や若者）が好きである」といった内容である。

コラム6　わかりにくい話

　次の文章はいったい何の話だか，わかりますか？　はじめて読む読者は，たぶん首を傾げられるでしょうが，一度考えてみて下さい。

　その手順はとても簡単である。はじめに，ものをいくつかの山に分ける。もちろんその全体量によっては，一山でもよい。次のステップに必要な設備がないためどこか他の場所へ移動する場合を除いては，準備完了である。一度にたくさんしすぎないことが肝心である。多すぎるより，少なすぎる方がましだ。すぐにはこのことの大切さがわからないかもしれないが，めんどうなことになりかねない。そうしなければ，高くつくことにもなる。最初はこうした手順は複雑に思えるだろう。でも，そ

れはすぐに生活の一部になってしまう。近い将来，この作業の必要性がなくなると予言できる人はいないだろう。その手順が終わったら，再び材料をいくつかの山に分ける。そして，それぞれ適切な場所に置く。それらはもう一度使用され，またこのすべてのサイクルが繰り返される。ともあれ，それは生活の一部である。

(Bransford & Johnson, 1972)

　実は，これは洗濯の手順を描写した文章なのです（わざと，少しわかりにくくしてありますが）。そうと知れば，「なんだ，はじめからそう言ってくれればわかったのに」と思う人が多いのではないでしょうか。文章の本文を読む前に，あるいは，何かまとまった話を聞く前に，タイトルや見出しが示されていれば，私たちの理解は促進されます。これは，スキーマを活用することができるからです。先に示した例では，洗濯についてのまとまった知識すなわち「洗濯スキーマ」を私たちがもっているため，これを先に活性化しておけば，話の内容がぐんとわかりやすくなるというわけです。ちなみに，私は，認知心理学を教えるようになってからずっと，授業でこの文章を教材として用いていますが，「何の話か」を言い当てられる人は，たいていクラスの5%未満です。

　話の全体像がわかっていれば，細部を聞き逃したり，ところどころに意味不明な部分があってもそれを補うことができる。これは，トップダウン型処理を行うためである。トップダウン型とボトムアップ型の2つの処理過程は，互いに補い合って働くものである。ただし，聞き手のトップダウン型処理が強く働きすぎた時，つまり，予想や期待に強くとらわれてしまうと，誤解が生じやすくなる。相

手が言いそうな言葉への予想・期待は，意味処理の効率を高めるものではあるが，その反面，意味解釈を歪める原因ともなり得る。

　この予想・期待はまた，無意識のうちにも働く。すなわち，私たちの知識（長期記憶）体系においては，関連のある概念どうしの結びつきによるネットワーク構造が存在し，ある1つの概念が処理されると，関連のある他の概念にも，自動的に活性化が拡散していく。これは，コリンズとロフタス（Collins & Loftus, 1975）による**活性化拡散モデル**（spreading activation model）に基づく説明である。

　したがって，聞き手の側にあらかじめ先行情報がある場合には，その情報の意味の影響を強く受けた形で，後に続く情報の意味が解釈されることになる。

　たとえば，秋・冬の食べ物について話していて，それまでは果物が話題になっていたところで「カキ」という音声が聞こえてきたなら，果物の「柿」だと考えてしまうだろう。送り手がいきなり話題を変えて魚介類の話を始め，貝の「牡蠣（カキ）」のつもりで言ったとしても，受け手は柿だと誤解しやすい（図3-1）。もちろん，注意深く聞いていれば，若干のアクセントの違いから両者を区別できなくはないが。

　このように，私たちの言語理解は，先行する情報に大きく左右される。果物という言葉を聞いていれば，牡蠣より柿を思い浮かべやすいというのは，この例である。これは，**文脈効果**と見なされる。また，「果物と柿」のような上位概念 - 下位概念の関係だけでなく，「パンとバター」のような横並びの連想関係においても，意味解釈の促進が起こり，「バター」のみを呈示するよりも，先に**プライム**（先行情報）として「パン」を呈示した場合の方が，「バター」という語の意味を認知しやすくなる。こうした促進効果は**意味的プライミング効果**（semantic priming effect）（Meyer & Schvaneveldt, 1971）と呼ばれる。

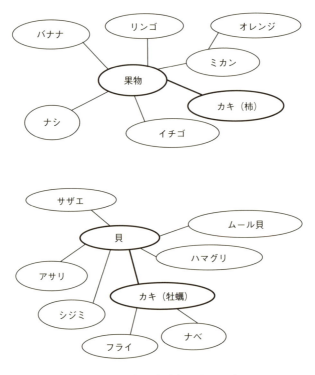

図 3-1　概念の意味ネットワーク

　もちろん，同じ言葉どうしでも促進効果は生じる。そのため，後続の単語の一部分しか聞き取れなかった場合にも，先に呈示された語が強い影響を及ぼす。たとえば，「ニガウリ」という語を先行呈示しておくと，「ニ□□リ」のように聞き取れない音があったとしても，「きっと，ニガウリと言ったのだろう」と考えやすい。一般に言葉としては，より出現頻度の高い「ニワトリ」という語を凌ぐ形で，こうした補完（単語完成）が生じるのである（**直接プライミング効果**）（Tulving, Schacter, & Stark, 1982）。このように，直前の経験も含めて，受け手の過去経験からある予想が働いた場合には，その予想に合致する方向へと情報の解釈が歪められることがある。

さらに，解釈された情報が人から人へと伝わっていくと，情報の歪曲はどんどん大きくなる。1973年に起こった**豊川信用金庫事件**は，そのわかりやすい例と言えるだろう。

　ことの起こりは，電車の中での高校生の他愛ない会話だった。豊川信用金庫に就職が決まったという女子高校生に対して，友人が次のようなからかいの言葉を投げかけた。

「信用金庫って危ないんじゃないの？」

　もちろん，これは冗談である。しかし，この言葉が一人歩きを始めてしまった結果，地元の「豊川信用金庫が危ない（つぶれる）のではないか」という懸念が人々の間に広まった。当時，オイルショックによる不景気が社会不安を引き起こしていた上に，7年前には近隣の豊橋市の金融機関が倒産し，実際に被害を被った人がいた。その被害者の耳にも入り，「豊川信金がつぶれるのではないか」という情報は，いよいよ迫真性を帯びて伝えられた。さらには，仕事の支払いで，たまたま豊川信金から120万円を引き出そうとしている男性の電話を漏れ聞いた人が，慌てて自分の預金を引き出したことが知れ渡り，いよいよ豊川信金が倒産するといううわさは信憑性を増していった。結局，事態の収拾までに約20億円もの預金が引き出されたのである。

　人は，見聞きした言葉を自分の経験に合致する方向に誤解しやすい。この一般原則に，偶然の要素が幾つか重なったことが，この事件の背景にある。

3. 記憶の歪みに起因する誤解

　私たちの記憶は，完璧ではない。それどころか，かなり脆弱なものである。そのため，物語の記憶に際しても，特に細かい部分については，先に述べたスキーマのような既有知識の助けを借りること

になる。サリンとドゥーリング（Sulin & Dooling, 1974）は，この
ことを実験的に明らかにした。彼らは著名人であるヘレン・ケラー
の伝記の一部を用いて，実際には書かれていなかった内容を，あた
かも書かれていたかのような誤解を起こさせることに成功した。こ
れは，ちょっとしたトリックのようなものであり，約半数の実験参
加者がみごとにひっかかったのである。

彼らは，実験参加者を2つのグループに分け，片方のグループに
次のような短い文章を読ませた。

●キャロル・ハリスの物語

キャロル・ハリスは生まれた時から問題のある子だった。
彼女は野蛮で，強情で，乱暴者だった。キャロルは8歳にな
っても，まだどうしようもなかった。彼女の両親は彼女の精
神衛生をとても心配していた。その州では，彼女の治療のた
めのよい施設が見つけられなかった。彼女の両親はついにあ
る処置をとる決心をした。彼らはキャロルの世話をしてくれ
る家庭教師を雇った。

そして，もう一方には，名前だけを入れ替えた，次のような文章
を読ませた。

●ヘレン・ケラーの物語

ヘレン・ケラーは生まれた時から問題のある子だった。彼
女は野蛮で，強情で，乱暴者だった。ヘレンは8歳になって
も，まだどうしようもなかった。彼女の両親は彼女の精神衛
生をとても心配していた。その州では，彼女の治療のための
よい施設が見つけられなかった。彼女の両親はついにある処
置をとる決心をした。彼らはヘレンの世話をしてくれる家庭
教師を雇った。

1週間後，参加者は「彼女は耳が聞こえず，口もきけず，目が見えない」という一文が，先の文章の中に含まれていたかどうかを答えるテストを受けた。すると，実際にはこの一文が含まれていなかったにもかかわらず，キャロル・ハリスの名を用いたグループの5%が「はい」と答え，ヘレン・ケラーの名を用いたグループでは50%が「はい」と答えたのである。前者のグループの「5%」は誤差の範囲内であるが，後者の「50%（半数）」は無視できない大きさであり，これは明らかに，ヘレン・ケラーについての既有知識から影響を受けたものと考えられる。

さらにドゥーリングとクリスティアーンセン（Dooling & Christiaansen, 1977）は，こうした誤りがどの段階で生じたのか，つまり文章を読んだ時なのか，それともテストを受けた時なのかを調べる実験を行った。彼らは，実験参加者にキャロル・ハリスの物語を読ませ，1週間後のテストの直前になってから，実はキャロル・ハリスがヘレン・ケラーであることを告げたのである。すると，やはりテストで同じ誤りが生じた。このことから，彼らは，文章を読んだ時ではなく，思い出す時に誤りが生じるのだと結論づけた。

豊川信金事件や「ヘレン・ケラーの物語」の実験に見られる予想や先入観を特にもっていない場合にも，情報が歪むことがある。それは，コラム7のように，話が人づてに伝わる場合である。人から人へと情報が伝わる過程においては，記憶の歪みやその他の原因により情報が誇張されるなどして，誤った伝達が行われやすい。

コラム7 いつの間にか「亡くなって」いたキング夫人

人から人へと情報が伝わるうちに，内容が歪められるということは，みなさんもよくご存じでしょう。メニンガーは，人を

介して話が伝わるうちに，とんでもない内容になってしまった次のような例を紹介しています。

A夫人→B夫人「キング夫人は，今日はどちらにお出かけでしょう。ご病気かしら」

B夫人→C夫人「キング夫人がご病気らしいと，Aさんが心配していらしたのよ」

C夫人→D夫人「キング夫人がご病気ですって。重くなければいいけど」

D夫人→E夫人「キング夫人が重いご病気だそうよ。早くお見舞いに行かなければ」

E夫人→F夫人「キング夫人がひどくお悪いんですって。Dさんが呼ばれていらっしゃったのよ」

F夫人→G夫人「キング夫人が，いけないらしいわ。ご親戚の方々が集まっていらっしゃるそうよ」

G夫人→H夫人「キング夫人のこと，ご存じ？ もうお亡くなりになったのかしら」

H夫人→I夫人「キング夫人，いつお亡くなりになったのでしょうね」

I夫人→J夫人「キング夫人のお葬式にいらっしゃいます？ 昨日，亡くなったそうよ」

J夫人→キング夫人「たった今，あなたが亡くなって，お葬式だと聞きましたわ。いったい，誰がそんなひどい噂を流したのかしら」

(メニンガー，1951)

メニンガーは，この例では，キング夫人に対するネガティブな感情が背景にあったとしています。しかしながら，そもそも

> 人を介しての情報伝達は，とかく不正確になりやすいものです。伝える際には，この点に注意するとともに，やはり大事なことは直接話したり，きちんと確認したりする必要があることがわかります。

　伝達過程における情報の変容を体験的に理解してもらうために，筆者は以前，教員養成系の大学院の授業で，次のようなミニ実験を行ったことがある。
　まず，クラスを約10名ずつ2つのグループに分け，伝達順序を決めた後，各グループから1名ずつの第一伝達者に出てきてもらい，筆者が次のような話を口頭で2人に伝えた。

> 一昨日，未明に徳島市内で火事があったが，放火の疑いがあり，犯人はもしかしたら，いつもバイクを乗り回している近所の高校生Aの友人ではないかと言う人がいる。

　第一伝達者の役割は，それぞれ自分のグループの第二伝達者に口頭で，できる限り正確にその情報を伝えることであった。第二伝達者は第三伝達者に伝える…ということを順番に行い，最後に情報を受け取った人は，それを紙に書いて提出した。すると，2つのグループで最後に伝わった情報は，それぞれ次のようなものとなっていた。

> グループ1：「昨日，徳島で放火があり，犯人は近所の高校生だと言われている」
> グループ2：「昨日，<u>にめい</u>に徳島で火事があった。2名はバイクに乗って逃げた」
> （注：「にめい」は，原情報に含まれる「未明(みめい)」の聞き誤りと考えられる）

ちなみに，この授業の受講生は小中高の学校の教師であった。彼らは，小学校でしばしば行う伝言ゲームには馴染みがあったが，自らが真剣に伝達を行ってみて，ここまで細部がそぎ落とされたり（グループ1），あるいはまた，ほとんど意味が変わってしまったり（グループ2）したことに驚いていた。

　私たちの**短期記憶**（ごく短い時間だけ情報を保持する記憶，近年は**ワーキングメモリー**（Baddeley & Hitch, 1974）の概念に含まれる）には厳しい容量限界があり，この容量を超える情報を一度に受け取ると，必ずどこかが欠落する。その欠落部分は，しばしば推測によって補われる。しかし，その推測が誤っていれば，情報は変容する。これが次々に他者へと伝達される場合には，情報変容は，さらに大きなものとなる。

　それでは，メモをとりながら話を聞き，これを次の人に伝える場合には，伝達の誤りはなくなるのだろうか。実は，必ずしもそうとは言えない。誰かが代表で説明を聞き，とったメモを見ながら他の人に伝えるというのは，日常的によく経験する状況である。しかし，こうした場合にも，伝達の誤りを完全になくすことは不可能である。

　三宮・吉倉（2012）は，ハワイへの観光ツアーに友人とともに参加するために，旅行説明会における口頭説明をメモを取りながら聞き，欠席した友人に後で伝えるという設定のもとで実験を行った。この実験で調べたかったのは，参加者が自分の聞いた冗長な説明をどのようにメモし，友人に伝えるかということである。ここで実験材料としたのは，次のような口頭説明であった。読者のみなさんは，メモを取りながらこの冗長な口頭説明を聞いて人に伝えるとしたら，いったいどのようにメモを取るだろうか。かなり長いが，口頭説明の全文を以下に示す。

「ハワイ旅行の説明会における旅行社係員の口頭説明」

(三宮・吉倉（2012）より)

　えー，はじめまして。私が西日本旅行社の山田一郎でございます。あ，漢字はですね，ふつうの山田にふつうの一郎と，いたって平凡な名前でございます。
　えー，前回は 100 名を超えるご参加がありましたが，今回 50 名程度で，ちょっと寂しい気がしますんですが，えー，かえってなごやかなご旅行ができるんじゃないか，というふうに思います。
　まず，今日の，えー，スケジュール的にはですね，えー，今日の説明会のご案内の時に一応，内容的なものをお送りさせていただきましたんですが，前半にご旅行全般についての，えー，ご案内，えー，ご旅行内容についてご理解いただいたところで，えー，もうすでにパスポート類をお持ちの方もいらっしゃいますんですが，これから，旅券申請をするという，パスポートがないと旅行できないもんですから，旅券申請について，えー，ご案内すると，大きくふたつに分けて，えー，ご案内をさせていただきたいと思います。
　まず，それでは，えー，ご旅行の準備の中でも，みなさんがいちばん，そのー，気になさるところのですねえ，外貨の準備について，ご案内いたしたいと思います。外貨というのは，外国のお金でございますね。え，さて，外貨でございますが，現在は外貨は，自由に，パスポートさえ持っていれば，外国為替の取扱い店に行きますと，即座にその場で，えー，購入することができます。
　昔は，その，大変でございました。外貨の持ち出しは，一人いくらまで，と決まっておりまして，いくら，お金があるからたくさん持って行っておみやげをいっぱい買いたい，という方がございましても，自由にはなりませんでした。みなさまは，好きなだけ，外貨をお持ちいただけますので，何かと楽しみでございますね。
　さて，そのー，こうやって政治が安定してきますと，えー，いくぶんドル安になるんじゃないかと思うんですが，あ，ドル安ということはですね，えー，円高ということでして，つまり，円の値打が上がっているということです。ということは，海外旅行をなさるみなさま方にとっては，あー，たいへん好都合だということになりますねえ。
　えー，外貨はここんとこ，日本は変動制を導入しておりますために，毎日変わります。激しいときには，1 時間おきに，レートが変わるというような見方もされておりましたが，まず，外貨，米ドルをお買い求めいただきます。えー，みなさんがいらっしゃいますハワイは，日本円でも通用するお店もたくさんございますが，まあ，チップを支払わなければなりませんし，いくらかは購入された方がよい，と思います。

えー，外貨にも実はふた種類ございます。現金と，旅行用の旅行小切手というのがあります。旅行小切手というのはトラベラーズチェックと申しまして，二ヶ所にサインして使う。買ったときに一ヶ所サインする。使うつどもう一つサインをしながら使っていく。現金と全く同じように使われていますが，これは盗難防止とか紛失防止のために，いちばん安心感があるものです。日本のように印鑑はつきませんが，サインですべて通りますが，買ったときのサインと似てないと，インチキ小切手になっちゃいますから。時としてパスポートをお見せ下さいというチェックを受ける時がございます程度で，あとはご自由にお使いいただけます。
　換金の時のレートも，いわゆる現金，現金のことをキャッシュと申しますが，これよりもレートがいくぶん安く買うことができます。その辺の金額をどういうふうにしていくか，ということで，今回のご旅行の費用が総額いくらぐらいになりますか，決まります。
　えー，外貨は，面倒くさいから自分で銀行に行って買うというような方については，ご報告いただく必要はありませんが，もし，外貨を私どもの方で手配してほしいとおっしゃる方がございましたら，あの，どのくらい買ったらいいか，その辺は，ここでもう一回足し算をしていただいて，トータルいくらになるかということでご計算を願えればと思います。きょう，ここで，お申し込みにならなくとも，来月の５日までに，お電話でも，ご連絡いただければ，結構でございます。
　旅行中の買物は，キャッシュ，トラベラーズチェック，及びカードでできますが，大きなお買物はカード支払いも便利でございますね。外国のどういうお店で使えるかはカード会社が出しておりますパンフレット等でお調べください。
　なお，旅行には大金をお持ちいただきますので，金品，貴重品の扱いにつきましては十分ご配慮を願います。大金は持ち歩かない。日本の方だけが，現ナマを持って歩く癖がございます。
　諸外国は全部カードでもって生活しておりますので，ポケットに入っているのは，チップ用の小銭くらいのものです。ですから，ぜひ，あんまり大金をお持ちいただかないで，お財布がわりに，ホテルにありますセイフティーボックスをご利用いただきたいと思います。えー，セイフティーボックスと申しますのは，貴重品箱のことでして，フロントの脇にございます。二つの鍵を使わないと開けられないシステムのボックスです。
　使用料は無料でございますが，ホテルのフロントが１個鍵を持って，借りたお客さんが１個鍵を持って，同時に鍵を差し込んで回さないと開かないというシステムになっております。この中に，貴重品や余分なお金を預けて，ホテルの部屋には絶対に貴重品は置かないようにしてください。
　あ，それから，ホテルのドアは，鍵一つでドンとしまっちゃいます。それで，

外側から鍵であけて入るわけですが，一旦しめますと，自動的にロックされちゃいます。ですから，お部屋を出るときには，絶対，部屋のキーを，鍵を，ベッドなんかに置かない。ちょっと隣の部屋に用があるんだけど，「あのう，ちょっとぉ，どうしてるぅ？」なんて，声かけてるうちに，バシャンとしまっちゃうと，戻れなくなります。部屋を出るときには必ず，キーを持って出る。それから，ホテルから出る時には，必ずフロントにキーを置いて行くという，えー，お二人ずつ入られますので，えー，街で別れ別れになって，先に帰ってきた人が非常に困る。鍵を持ってる人がまだ帰ってない。

　それから，ホテルの鍵は，紛失しますと罰金が必要になる。弁償しなきゃなりません。結構いいお値段でございます。なくなったその日のうちに付け替えちゃいます。根元から。えー，技術料から，出張費から，そういったものがいりますので，約2万円ぐらいは鍵の付け替えだけで補償金とられちゃいます。

　それと同じように，セイフティーボックスの鍵も同じです。セイフティーボックスの方は，鍵が二つございますので，二つ取り替えることになる。大きさが小さいものですから，金銭的にはたいしたことないだろう，と思いがちですが，やはりこれも，1万円以上の罰金を払わないとダメです。そういう点は鍵の問題がございます。

　他にも，いろいろご案内申したいことがございますが，えー，ここでひとまず，今までの件で，ご質問を受けたいと存じます。どなたか，ご質問はございませんか。[1]

　この長い説明がどのようにメモされたかを簡単に見てみよう。まず，話が細部にまでわたり，冗長度も高いため，メモ段階で情報が大幅にカットされていた。しかし，そのメモ自体も不完全な場合が少なくない。たとえば，外貨とトラベラーズチェックについては，図3-2のようなメモが取られていた。メモの例の下に，このメモを見ながら伝達した発話例を示す。

```
ドル安―円高　円のねうちがあがっている
              ↓
          好都合　　日本は変動制をとっている

ハワイ・・・いくらかはひつよう
外貨には2つある
  現金とトラベラーズチェック・・・2か所にサインする
          使うたびにもう1つサインして使っていく
          とうなんぼうしのもの

かんきんのときも　　現金―キャッシュ

今回の旅行のひようはこれによってきまる
外貨は，どのくらいかったらいいか

来月の5日までにでんわ
```

図 3-2　外貨とトラベラーズチェックについてのメモの例

外貨とトラベラーズチェックについての伝達発話の例

　えーっと，うんと，今，だからドル安になってるから，えーっと，円の値打が上がって，今はまあ，買い時かな，とかいう感じ。えーっと，・・・日本はまあ，わかってると思うけど，変動相場制だから，なんか費用がなんか，変わるらしいから，まあ，だから，その日によって計算しないといけないから，ちょっと，えーっと旅行費用はまだわからないんだけど，うーんと，外貨にはなんか現金と，トラベラーズチェックとがあって，トラベラーズチェックは知ってると思うけど，あの，2箇所にサインしてね，使う時にね，1個ずつ，サインしていくんだ。一つずつ。だから，その2つのサインが合わなかったら，パスポート見せて下さいっていう感じで調べられるだけで，まあ，盗難防止にはトラベラーズチェックの方がいいと思うのよ。うんと，換金するときは，やっぱり，現金になるらしい，とか言ったわ，たしか。
　えーっと，えっとそれでまあ，今日，もし，旅行行くんだったら来月の5日までに電話か，まあ，直接来てくれてもいいとか言ってたから，まあ，しといて。

＊アンダーライン部分は原情報以外の情報を参加者が加えたものである。
＊トラベラーズチェック（外国旅行者向けの小切手）は，2014年3月31日をもって日本国内での販売が終了している。
＊実際の発話には徳島弁でわかりにくい部分が含まれていたため，意味を変えずに書き換えてある。

メモ内容と伝達の誤りとの関係を分析した結果，次の4つのパターンを見出した。

---

①メモは正しいが，伝達する際に誤った（言い誤るなど）
②メモ段階ですでに誤っており，その誤りのまま伝達した
③メモが不十分（省略し過ぎ）であり，伝達する際に，省略部分の復元を誤った
④もとの情報をメモし損ねており，伝達も誤った

---

②〜④は特に，話の冗長さゆえに生じた結果と考えられる。このように，未整理な展開で細かく冗長に話されると，聞き手は，その内容を理解するために**認知資源**（cognitive resource）すなわち情報処理のための処理資源を奪われ，メモが効果的に取れず，結果として誤った伝達をしてしまいかねないことがわかる。聞き手にわかりやすくなるようにと思って細かい説明やエピソード，話し手の感想などを豊富にまじえても，それが行き過ぎると仇になり，聞き手の理解・記憶をかえって妨害することになりかねない。

4. 他者視点の欠如に起因する誤解

　他者に何かを伝える場合には，相手の視点に立って伝える必要がある。まずは，相手から見えている情報は何か（相手はどこまで知

っているのか）を最低限，把握しておく必要がある。そうでないと，必要な説明を抜かして，相手の理解が不十分になってしまったり，また逆に，相手がすでに知っていることを丁寧に説明してうんざりさせてしまったりする。そしてさらに，内容によっては，相手がどのように考えているのか，また，相手がどんな気持ちなのか，といったことをも知っておく必要がある。

　このように，他者の視点を取ることを**視点取得**（perspective-taking）と言う。これは，決してたやすいことではなく，とりわけ幼い子どもには，困難である。幼児は，ピアジェの言う**自己中心性**（egocentrism）のために，自分の視点でしかものごとをとらえられない。つまり，幼児は，自分に見えているものは他の人にも見えていると思い，自分が知っていることは他の人も知っていると思い込んでしまう。

　この自己中心性からの脱却を**脱中心化**（decentration）と呼ぶ。脱中心化を経てはじめて，子どもは自分のものの見方・考え方を対象化することができ，他者の視点を取ることができるようになる（Piaget, 1970）。ピアジェとイネルデ（Piaget & Inhelder, 1956）は，図3-3のような「3つ山問題」を用いて，幼児の自己中心性を明らかにした。これは，1m四方の台に20〜30cm高さの3つの山の模型をセットし，A，B，C，Dの位置に人形を置いて，人形の目から山の風景がどのように見えるかを子どもに尋ねる問題である。子どもたちは，次のいずれかの方法で答えることを要求される：①人形から見える風景を模型で再構成する，②人形から見える風景の絵を選ぶ，③1枚の風景画を見せ，そのように見える位置に人形を置く。すると，4〜6歳では自分の視点と他者の視点を区別できず，自分に見えている通りに人形にも見えるという答え方をした。7歳頃からは，ようやく他者の視点を取れるようになり，自分の見え方と他者（ここでは人形）の見え方を区別して人形から見える風景を答え

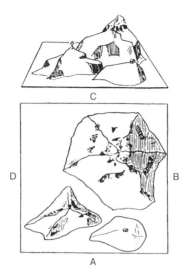

図 3-3　3 つ山問題（子安，1999 より）

ることができるようになった。[2]

　3 つ山問題は，他者の視知覚すなわち他者からは何が見えているかという比較的単純な**空間的視点取得（知覚的視点取得）**を問うものである。これに対して，他者がどのように考えているのかを理解（**認知的視点取得**）できたり，どんな気持ちなのかを理解（**感情的視点取得**）できたりするためには，さらなる認知発達を待たなければならない。

　では，年齢的には十分な認知発達を遂げているはずの大人であれば，常に他者の視点に立ってうまく説明できるのだろうか。残念ながら，そうではない。たとえ潜在的には視点取得能力を備えていたとしても，ただちにこれを発揮するとは限らない。

　ケイサーら（Keysar, Barr, Balin, & Brauner, 2000）は，大人を対象に次のような実験を行った。まず，話し手と聞き手の間に，図 3-4 のような区画のついた箱を置いた。話し手は箱の裏側を，聞き

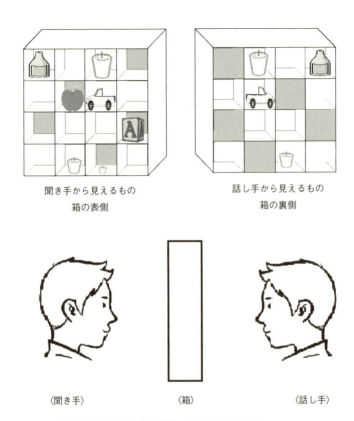

聞き手から見えるもの　　　　話し手から見えるもの
箱の表側　　　　　　　　　　箱の裏側

〈聞き手〉　　　　〈箱〉　　　　〈話し手〉

図 3-4　1 つの箱を聞き手側および話し手側から見た図(Keysar et al., 2000 より作成)

手は表側を見ている。区画の中には，リンゴ，おもちゃのトラック，ビン，ブロック，それに大中小のロウソクが納められていた。ここでの仕掛けは，聞き手からは見えていても話し手には見えない（区画の話し手側がカバーで隠されている）区画があるという点である。話し手は聞き手に指示を出し，聞き手はそれに応じて物を動かさなければならない。これが，聞き手に課された課題である。たとえば，話し手から次のような指示が出される。

「小さいロウソクを 1 つ上の区画に移して下さい」

ここで注意すべきは，話し手から見えている「小さいロウソク」は，聞き手側からすれば，「2番目に小さい（中くらいの大きさの）ロウソク」だという点である。なぜなら，聞き手には，3つの大きさのローソクがすべて見えているが，話し手には2つしか見えておらず，話し手が「小さいロウソク」と言った時には，聞き手は「話し手から見えているロウソクのうちの小さい方」つまり「自分から見れば中くらいの大きさのロウソク」を指していると考え，頭の中で置き換えなければならない。

　この課題で，聞き手は，自分にしか見えない（したがって話し手が言及するはずのない）「小さいロウソク」をうっかり手に取ったり，あるいは取ろうとした。区画内の物の配列を変えながら実験を行った結果，こうした誤り反応は23%生じていた。

　また，ケイサーらは，聞き手の頭に，目の動きをとらえるカメラを取りつけ，聞き手の眼球運動を記録した。すると，聞き手は「自分にとっての小さいロウソク」の方にまず目を向け，その後，「相手にとっての小さいロウソク」の方を見ることがわかった。つまり，聞き手は，最初は自分の視点で相手の言葉をとらえ，そしてその後から，見方を修正して，相手の視点でとらえる努力をしているということがわかった。

　大人も，こうした変換や修正を意識的に行うことによってはじめて，他者の視点を取ることができると考えられる。

　また，さまざまな要因によって，視点取得能力を十分に発揮することが妨げられる場合がある。たとえば，一度にあれもこれもしなければならない忙しい状況においては，相手に何かを伝えるということに十分な認知資源を投入することができなくなる。他のことに気をとられていて，説明が不十分になってしまうという状況は，容易に想像できるだろう。

　これについて，筆者は実験を行った（Sannomiya & Ohtani,

2015)。文章を，誤りのない読みやすいものに推敲する過程において，推敲だけに専念できる「専念条件」と，他の作業（いくつかの言葉が聞こえてくる中で，ある言葉が出現したなら，その言葉の出現回数を数える）をしながら推敲もしなければならない「ながら条件」を設定した。そして，両条件の推敲成績，つまり，誤りを正し，また読みやすい文章に変えることができた度合いを2つの側面について比較した。漢字や助詞など字句レベルの誤りを正すという単純な修正（たとえば，「紙」を「神」に，また「に」を「を」に直すなど）と，読者にわかりやすい文章の組立てになるように文を入れ替える構成改善（文章の主題を途中の目立たない場所から最初の部分に移動したり，順不同で述べられていた4つの事象を時間順序に沿って並べ替えるなど）の2種類の推敲についてである。すると，単純な修正では差がなかったものの，構成改善においては，「ながら条件」の成績がはっきりと悪くなっていた。つまり，他の作業に認知資源が奪われた結果，「どうすれば相手（読者）にわかりやすく文章を直せるか」という他者視点がおろそかになってしまったものと考えられる。しかも，驚いたことに，「もとの文章に比べて，推敲後の文章がわかりやすくなったかどうか」という判断において，「ながら条件」の参加者は「専念条件」と同じくらいに「わかりやすくなった」と自己評価していたのである。実際には，両者のできばえに差があったにもかかわらず，である。このことは，自分の推敲に対して，「ながら条件」では適切な自己評価ができなかったことを意味している。つまり，推敲のできばえに対するメタ認知が十分に働かなかったと考えられる。

　いくつものことを処理しなければならない多忙な状況においては，相手の受け取り方に十分気が回らず，その結果，誤解を生む伝え方になってしまうことが少なくない。大人の場合，先に紹介した3つ山問題に失敗するようなことはないにしても，状況によっては，相

手への配慮を欠き，視点取得が十分に行えないことがある。余裕のない状態で相手の既有知識や理解状態にあまり配慮せずに，不十分な説明をしてしまったという経験は，多くの人が思い当たるのではないだろうか。

5. 気分・感情に起因する誤解

　これまで見てきた1.から4.までの誤解は，認知的な要因に基づく誤解であった。しかしながら，私たちのコミュニケーションは，実は感情によっても大きく左右される。同じ言葉を聞いたとしても，聞き手の気分や感情の状態によって，意味解釈が変わる可能性がある。「相手の機嫌が悪い時，ふだんなら冗談で通ることが通らなくなる」という報告は，このことを示している。

　一般に，社会的相互作用つまり人と人との関わりには，感情状態が大きく影響する（Forgas, 2002）。解釈や評価は，その時の気分に一致するような方向で行われる（Forgas & Bower, 1987）。これを，**気分一致効果**（mood congruency effect）と呼ぶ。これは，私たちが何らかの判断を行う時には，自らの感情状態を手がかりにするために起こるものである。コミュニケーションを取る前にポジティブな感情状態であれば，相手の発話をポジティブにとらえ，逆に，ネガティブな感情状態であれば，相手の発話をネガティブにとらえる傾向がある。

　シュヴァルツとクロア（Schwarz & Clore, 1983）やシュヴァルツとブレス（Schwarz & Bless, 1991）は，このように自らの感情状態を判断の手がかりにするのは，感情が情報として機能しているためと見なしている。私たちは，自分がもともと怒っていたために相手の言葉を悪く受け取ったのか，それとも，相手が嫌なことを言ったために自分が怒ったのかを区別することが苦手である。そのため，

自分が怒っているのは、相手が嫌なことを言ったせいだと感じてしまいがちである。

同様に、話し手と聞き手の人間関係のあり方も、意味解釈を左右する。この点に関して、先の調査では「自分が好きではない人の言った言葉は悪く取る」といった報告が見られた。人間関係が良好であれば、「相手が自分に対して悪意のある発言をするはずがない」という前提に立ち、相手が妙なことを言っていると感じた場合には、「聞き違いか？」と考え、相手に確かめる行動を起こす。しかし関係が悪化していれば、相手が自分に対して否定的な発言をしたとしても不思議はなく、たとえ誤解であったとしても、否定的な解釈のまま受け取る可能性が高くなる。このような場合、誤解は正される機会を失う。「けんかした時には相手の言葉を悪く取る」などの報告は、このことを示している。関係のよくない相手とのコミュニケーションにおいては、最初から不快な感情をもって臨むため、感情による解釈の歪みが生じるのである。

次の例では、受け手の感情的な問題が誤解の背景にあると考えられる。

「暇だから遊ぼう」というフリーターの友人からのメールに、「忙しいから無理」と返したところ、「どうせ俺は暇だよ」という返信が来て、気まずくなった。

ここでは、たまたま受け手が、自分がフリーターであることを気にしていたために、やや偏った受け取り方、すなわち送り手は言外に自分を馬鹿にしているのではないかとの解釈をしているものと推察される。受け手がネガティブな感情状態にある場合には、通常ならば問題のない発話がネガティブに受け取られることがある。したがって、送り手は、自分の発言内容が受け手にとってわかりやすいかどうかだけでなく、受け手がどんな気持ちで受け取るかという受け手の感情にも気を配る必要がある。相手の機嫌が悪い時には、こ

ちらの発言に対してネガティブな解釈をされかねないことを理解しておいた方がよい。

　次の4章では，言語内容以外の誤解を取り上げ，その心理学的背景を探る。

注

1)「ハワイ旅行の説明会における旅行社係員の口頭説明」(約7分)を用いた。できるだけ自然な場で話されたものをとのねらいから，実際に海外旅行の説明会で話された説明を改変し文字化したもの(月刊『言語生活』NO.344(1980)所収)を題材とした。この実験で使用したものは，「シンガポール旅行の説明会」と「ハワイ旅行の説明会」の原文をもとに作成したものである。原文の話し手の個人的な癖と思われるものを標準的な言い回しに変え，時事的な話題は多少修正した。この材料文を30代男性が読み上げたものを録音し実験材料とした。
2) ピアジェとイネルデが報告している年齢については，現在の子どもたちには必ずしもあてはまらない。

4章　誤解の心理学的背景（2）：言語内容以外の誤解

3章では言語内容の誤解についての心理学的背景を述べた。しかし，コミュニケーションにおいては言語内容そのもの以外に対する誤解も生じる。それは，コミュニケーションに用いるメディアや声の調子，表情，仕草，態度，その他の非言語的な要因についての誤解である。この章では，こうした言語内容以外の誤解について，その心理学的背景を見ていくことにする。

1. コミュニケーション・メディアに起因する誤解

コミュニケーションを取る際のメディアとして，最も基本的なものは対面（face-to-face）であるが，日常生活では，電話やメール等の電子媒体を介してコミュニケートすることも多い。これら3つのメディアで大きく異なるものは，伝達可能な情報の種類である。最も多様な情報を伝えることができるのは，圧倒的に対面である。言語情報である音声に加えて，表情，目の動き，動作，姿勢などの非言語情報を伝えることができるため，電話やメールよりも誤解を防ぎやすい。しかしながら，視覚情報を共有できることが油断を招き，「これ」「それ」などの指示語に頼りがちになることによって生じる誤解は増えるだろう。事例編に出て来た，「この書類そこにお願い」と言われてシュレッダーにかけてしまったという例などは，まさに対面状況だからこそ起こった誤解である。

これに対して電話の場合には，テレビ電話でない限り，非言語である視覚情報を共有できない。とりわけ相手の表情が見えないことから，顔で笑いながら冗談を言ったとしても，相手は真に受けてしまうかもしれない。さらにメールの場合には，電話で用いることができる声の状態などのパラ言語も活用できない。**パラ言語（準言語，近言語）**とは，話す時の声の特徴であり，声の調子やイントネーション，間の取り方，声の質などを指す。パラ言語は一般に，非言語の中に含められる。

筆者は，「塾は必要だと思うか」というテーマで行った対面討論と電子討論（ここでは，電子掲示板を用いた討論）を比較する実験を行い，発言スタイルにも相違点を見出した（Sannomiya & Kawaguchi, 1999）。電子討論には長所もあるが，誤解につながりかねない，次の2つの特徴が見受けられた。

①自分の意見を一度にまとめて出そうとする傾向

対面討論では，討論の流れを見てタイミングを図りながら少しずつ発言する場合が多いが，電子討論では，その時点での考えをとりあえず全部出してしまうというスタイルを取りがちである。

②発言がやや観念的で抽象的になる傾向

対面討論では，個人的な話や具体的なエピソードを紹介して場を盛り上げたりリラックスさせたりすることが多いが，電子討論では，そうしたことが少なく，結果として，発言がやや観念的で抽象的になりがちである。

この2点は，必ずしも短所とは言えないが，誤解につながる可能性がある。たとえば①は「一方的」との印象を与えかねない。また，②は時として具体的なイメージの共有が図りにくく，メンバー間で理解にずれが生じやすい。

さらに，主にメールを用いた遠隔研究指導を観察した事例研究（Sannomiya & Kawaguchi, 2000）の指導教授と学生へのインタビ

ューにおいても，先に述べた電子討論の場合と類似した傾向を見出している。また，特に指導教授側は，感情の伝達のためには，やはり音声や表情などの情報が役立つと述べている。文字を中心とした電子媒体では，何らかの工夫をしなければ，相手に気持ちが伝わりにくいのかもしれない。

3章で紹介した例（「暇だから遊ぼう」というフリーターの友人からのメールに，「忙しいから無理」と返したところ，「どうせ俺は暇だよ」と返信された）においては，このやりとりがメールによるものであったという点も無視できない要因である。つまり，対面コミュニケーションでは顔面表情や声の調子によって，送り手に他意のないことが伝わったかもしれない。しかしながら，メールという非対面のコミュニケーションにおいては，顔の表情や身振りなどの非言語情報も，声の調子などのパラ言語情報も活用できないことが，時として誤解を引き起こす。

メールで誤解を避けるために顔文字を意識的に活用する場合もあるが，その顔文字さえも，表そうとする感情を誤解される場合がある。

藤沢（2013）は，大学生・大学院生どうしであっても，顔文字が誤解を招く場合があることを報告している。103名の大学生・大学院生を対象とした調査から，表4-1の3つの顔文字は，特に解釈がばらつくことが明らかになった。

この調査の解答方法は，各顔文字の解釈として，「感謝」「謝罪」「驚き」「怒り」「落胆」「泣き」「困惑」「喜び」「笑い」「失笑」「わからない（意味不明）」「その他」のいずれに該当するかを選択することであり，また複数選択も可能であった。

若い世代であっても，このように顔文字の解釈が定まらず，「(>_<)」に至っては，「泣き」「謝罪」から「感謝」「喜び」に及ぶまで，ネガティブな感情からポジティブな感情まで幅広く解釈がば

表 4-1 解釈がばらついた顔文字とその解釈

顔文字	(..)	(>_<)	(^^ゞ
解釈	落胆 48.5% 困惑 47.6% 泣き 13.6% 謝罪 12.6% 意味不明 8.7% その他 { つまらない 　悩み 　ふーん }	泣き 48.5% 謝罪 32.0% 困惑 26.2% 感謝 11.7% 喜び 8.7% その他 { 焦り 　悲しみ 　目薬がしみる }	感謝 42.7% 喜び 18.4% 笑い 16.5% 意味不明 10.7% その他 { 了解 　OK 　照れ }

らついている。いわんや世代が異なれば，さらに混乱・誤解を招く可能性があるだろう。

　一方，メールに顔文字を用いること自体に対する受け取り方も人によって異なる。メッセージに顔文字をつけると，つけない場合に比べて，送り手が，より外向的であり，受け手に対して友好的であるととらえられるという報告（Fullwood & Martino, 2007）がある一方で，それは顔文字への接触頻度によって異なるとする報告もある。顔文字への接触頻度が低い受け手であれば，むしろ顔文字のついたメールの印象が低下するという（荒川・中谷・サトウ，2006）。

　さらに，携帯メールで表情を表す絵文字については，携帯端末の機種が異なれば，若干異なる絵文字に変換されて送信される場合があるため，受け手側で表示された絵文字が，送り手側とやや異なり，微妙に気持ちの伝わり方が変わってしまうことがある（廣瀬・牛島・森，2014）。

　顔文字や絵文字を使用することにより，かえって誤解を生まないように留意する必要があるだろう。

　また，ブログなどでは，文字入力した後であまり見直しをしない

せいか，入力ミスがそのままになっているケースが多い。あるブログで，その日のタイトルが「オムツ母さん」となっているものがあった。高齢の母親の介護の話かと思いきや，そうではなく，オムレツ母さん（オムレツの得意なお母さん）の「レ」が脱落していた。このケースでは，誤解というよりはうっかりミスの例ということになるだろうが，ブログのタイトルだけを見た読者は，内容を誤解しかねない。

　また，誤変換（これも一種の誤解）を見落としてメール送信してしまい，相手の気を悪くさせるケースも少なくない。筆者も以前，「たいへん深い洞察で…」としたつもりが「たいへん不快洞察で…」と変換されていることに気づき，ぎょっとしたことがある。あわやのところで気づいて助かったが，まさかこんな誤変換はないだろう，という過信は禁物である。

　最後に，メールへの返信の問題を挙げておきたい。一般に，（紙媒体の）手紙を受け取ったならば，私たちは何らかの形で返信しなければと感じる。ところが，メールの場合には，必ずしも返信するとは限らない。たとえば，複数の相手に一括して送られたメールには，いちいち返信しない場合が多いし，事務的なリマインドメールにも返信は不要と判断することが多い。

　では，個人対個人の私的なメールについてはどうだろうか。あるメールに返信すべきかどうかは，人によって判断の分かれるところである。

　たとえば，タナカさんからスズキさんに郵便で荷物が送られてきた場合，スズキさんがタナカさんに，荷物を受け取ったこととお礼とをメールで伝えることは珍しくない。それに対して，タナカさんは，無事届いてよかったなどの返信をすることが多いだろう。しかし，あらかじめメールで荷物を送ることをタナカさんがスズキさんにメールしておいた場合はどうか？　また，荷物の中に，あらかじ

め丁寧な手紙を入れておいた場合はどうか？　そうした場合には，タナカさんはスズキさんからのメールに返信しないかもしれない。

　受け取ったメールへの返信の要不要の判断は，人によって異なる。「忙しい相手にあまり重要ではないメールを送って煩わせたくない」との配慮も働くかもしれない。しかし，あるメールに返信すべきか否かの判断が送り手・受け手の間で異なる時，「なぜ返信してくれないのだろう？」との疑問が湧き，「自分がやや軽んじられているのではないか」といった誤解が生じる場合がある。

　メールの返信がないことへの誤解は，わだかまりへと発展し，人間関係をぎくしゃくさせる原因ともなりかねない。また，送ったメールが相手に届いていなかったというメールの不着問題も見過ごすことはできない。これによって，「返信してもらえなかった」という誤解が生じ，何らかの確認を取らなければ，この誤解が解消されることはない。

　とかくメールをめぐる誤解は後を絶たず，人間関係にも影を落とす原因となっている。

2. あいづちとうなずきの乏しさに起因する誤解

　対面でのコミュニケーションにおいては，**あいづち**と，それに伴う**うなずき**が重要な役割を果たす。うなずき自体は非言語であるが，言語音声であるあいづちは通常うなずきを伴うため，まとめて論じることにする。

　マタラッツォら（Matarazzo, Saslow, Wiens, Weitman, & Allen, 1964; Matarazzo, Wiens, Saslow, Allen, & Weitman, 1964）は，面接場面における聞き手のうなずきやあいづち（この実験では，"mm, humm"）が，話し手の発話を促進すると報告している。また，水谷（1988）は，日常会話の観察から，相手の発話の途中であいづちを頻

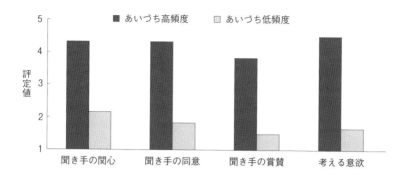

図 4-1　聞き手のあいづち頻度による話し手側の感じ方の違い（三宮, 2004b より）

繁に打つという日本流のあいづちが, 日本語話者の発話を促すことを見出している。

　話し手の発話に対して, 通常は, 聞き手からあいづちやうなずきが返される。しかし, その頻度には大きな個人差がある。あいづちやうなずきがほとんど返って来ない時, 話し手はどう感じるのだろうか。

　筆者が行った実験では, 聞き手があえて, うなずきを伴うあいづち[1]をほとんど打たずに話を聞くと, 頻繁にあいづち（「うんうん」「そうそう」「それいい」など）を打つ条件に比べて, 話し手は, 自分の話している内容に聞き手が関心をもたず, また, 同意したり評価したりしてくれていないと受け止めることが明らかになった（三宮, 2004b）。図 4-1 は, あいづちの頻度によって話し手の印象がどのように変わるかを示したものである。この実験では, たとえば「日本社会の高齢化がさらに進むと, どんなことが起こるか」といった問題について, できるだけ多くの考え（予想）を述べることが課題であったが, 聞き手のあいづちが極端に少ない場合には, 話し手の発話量が減少するとともに, 考えもあまり湧いてこないことがわかった（図 4-2）。話し手の感じ方や発話時間, 発想量のいずれにおいて

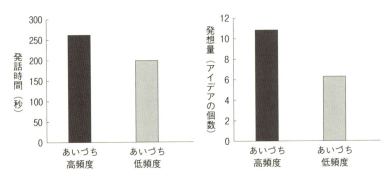

図 4-2　あいづち頻度による発話時間および発想量の違い（三宮，2004bより）

も，あいづち頻度の高い場合と低い場合との間で統計的に有意な差が認められた。

　このように，聞き手のあいづちやうなずきが乏しければ，たとえそれが，無関心や非同意からのものではなくとも，話し手は「この人は，私の話に無関心なのだ」「この人は，私の考えに同意してくれていない」「この人は，私の考えを評価してくれていない」と誤解しかねない。その結果，会話も弾まず，ますます気詰まりな雰囲気になるだろう。

3. パラ言語と表情に起因する誤解

　対面コミュニケーションの場合，言語情報とともに，パラ言語情報や表情も発話解釈に用いられる。言語情報と，パラ言語情報や表情は，多くの場合一致している。

　たとえば，「素晴らしい発表でしたね」と言う場合，通常は，賞賛する場合にふさわしい笑顔や明るい口調が伴う。しかし，その言葉が，にこりともしない無表情や冷たい口調で発せられたとしたらどうだろう。おそらくは，皮肉と受け取られるのではないか。このよ

うに，話し手の言語とパラ言語や表情が一致していない時，聞き手は戸惑うが，多くの場合，言語情報よりもパラ言語や表情などの非言語に基づいて解釈する。それは，言語情報は本人の意志でコントロールしやすいが，表情や身振り・視線などの非言語情報は，コントロールし切れずに本音が出てしまいやすいと考えられるからである（Ekman & Friesen, 1969）。

　したがって，もともと無表情であったり，声の調子が冷たい話し手であれば，せっかくポジティブな発言をしても，ネガティブな意味合いに誤解されてしまうだろう。また，逆に，笑顔や明るい口調で相手に苦言を呈したならば，相手は苦言とは受け取らず，やめてほしい行動も改められないかもしれない。

　言語とパラ言語や表情の不一致は，受け手の混乱と誤解を招きやすい。ベイトソンらは，こうした不一致を含むコミュニケーションを，**ダブルバインド・コミュニケーション**（二重拘束的コミュニケーション），そうしたメッセージをダブルバインド・メッセージと呼んだ（Bateson, Jackson, Haley, & Weakland, 1956）。彼らは，このようなメッセージを受け取り続けると，その人は混乱し，他者とのコミュニケーションにおいて言葉をまともに受け取れなくなってしまうという。

　表情そのものについての誤解も珍しくはない。「嬉しいのに，嬉しそうに見えないと言われた」「表情が乏しいために，無関心だと思われた」などの他に，次のような報告があった。

　「高校の時，珍しく頑張ってクラスの仕事に取り組んでいたのに，少し疲れた表情をしていたらしく，『やる気がないなら帰れ』と先生に言われたことがある。」

　「中学の部活の顧問に説教されている時，僕の目つきが悪かったため，にらんでいると誤解され，さらに怒られることになった。」

　このように，表情や目つきから誤解されてしまうことがある。

また，パラ言語については，「友人のことをふざけてからかっていた時，口調がきつすぎて，相手を傷つけてしまったことがある。僕はその相手のことが大好きだったが，口調のきつさのせいで，相手はぼくに嫌われていると誤解してしまったようだ。今も後悔している」といった報告がある。パラ言語としては，口調の他に，話す速度や声の大きさ，明瞭さ，抑揚（**プロソディー**）などを挙げることができる。

　まず，ミラーら（Miller, Maruyama, Beaber, & Valone, 1976）は，説得的コミュニケーションにおいて，説得する側の話す速度を変化させ，説得力にどのように影響するかを調べた。彼らは1分間に話す速度を，191語（速い条件），140語（適度な速さの条件），111語（遅い条件）の3段階で変化させた。結果，速い速度の方が実験参加者の同意を得やすく，また，話し手の知性，知識や客観性についても評価が高かった。つまり，英語では，速く話す方が，説得力が高まるということがわかった。

　また，ブラウンら（Brown, Strong, & Rencher, 1974）は，人工的に合成した音声を使って，話す速度を操作した。彼らの実験では，話し方が遅いと，あまり有能ではないと評価されることがわかった。この結果を受けてスミスら（Smith, Brown, & Strong, 1975）は，同じく人工的に合成した音声を用いた実験から，通常より25％以上速く話す話し手は，能力を高く評価され，25％以上遅く話す話し手は，能力を低く評価されると報告している。

　話し手のパーソナリティについての印象に及ぼす発話速度の影響を調べた内田（2002）は，話す速度が速いと勤勉で外向的だと評価されるが，協調性は，やや遅い発話速度の方が高く評価されることを見出した。

　アディントン（Addington, 1968）は，速く話す人は生き生きした外向的な人と受け取られ，抑揚をつけて話す人は力強く活動的で，

女性の場合は外向的な印象を与えるとしている。これに対して内田（2005）は，かなり大きな抑揚をつけて話す人は，陽気で外向的ではあるが，いい加減で計画性に欠け，軽薄で不親切といった人物像が想定されると言う。このように，抑揚をつけすぎると逆効果になりかねないため，注意するにこしたことはないだろう。

さらに，内田（2011）は，音声に含まれる母音の明瞭性がその話し手の性格をどう印象づけるかについての検討を行っている。その結果，母音をはっきりと発音すると，力強くて元気があると評価され，また，計画性があり，きちんとした性格であると感じられることがわかった。また一方で，過度にはっきりとした発音は，あまり穏やかな人柄を感じさせないことも明らかにしている。

このように，話す内容とは別に，抑揚や発音の明瞭さといったパラ言語によっても印象が形成されるため，パラ言語のあり方によって話し手のパーソナリティが誤解されたり，話している内容に対する誤解が生じる可能性がある。たとえば，実際には穏やかな性格であるのに，きつい性格の人だと思われたり，真実を語っているにもかかわらず「おおげさに言っているのだろう」ととられたりするかもしれない。

コラム8　誤解を招いたメラビアン

コミュニケーションをとる際に，言葉を非常に重視するアメリカにおいて，それまであまり注目されなかった非言語的側面の影響力を強調したのは，アメリカの心理学者メラビアン（Albert Mehrabian）です。彼の著書"Silent Messages"は話題を呼び，日本語訳も出ました（邦題は『非言語コミュニケーション』，1986）。

メラビアンは，自らの実験結果に基づき，メッセージを伝える際の，言語，声の調子（パラ言語），顔面表情（および身体表現）の影響力を，それぞれ，7％，38％，55％としています。これが，いわゆる「**メラビアンの法則**」あるいは「**7：38：55の法則**」と呼ばれるものです。言葉そのものの影響力がたったの7％という点に人々は驚き，ビジネス研修などでは言葉よりも，表情や声の調子を改善するトレーニングを熱心に行うようになりました。

　しかしながら，そもそもメラビアンはどのような実験を行ったのでしょうか。平野（2004）によれば，実験の概要は次の通りです。扱った感情は「好感」「嫌悪」「中立」の3種類で，言葉，声色，話者の表情について，この3種類を用意します。たとえば好感を表す言葉としては，honey, dear, thanks，嫌悪を表す言葉としては，don't, brute, terrible，中立を表す言葉としては，maybe, really, oh といった単語を使いました。これらの単語を，ある表情写真を見せながら，そしてある声色（録音したもの）で，実験参加者に呈示しました。よって実験参加者は，たとえばhoney（好感を表す言葉）という語を，嫌悪の表情写真を見ながら，中立の（無表情な）声で聞かされ，話者の感情を判断するわけです。ここで，実験参加者が「好感」と判断したならば，表情や声色よりも言葉の影響力が強いと解釈されるのです。

　この実験から，言葉ではなく，声と表情でコミュニケーション全般の効果が決まると考えるのは大きな誤解です。メラビアン自身も後に，次のように主張しています（メラビアン，1986）。

・非言語的な手がかりは，言葉と比べて，不釣合なほど大きな力をもっているが，<u>それは感情（「好き」や「嫌い」など）と態度（「賛成」や「反対」など）とに限られている。</u>

> ・非言語的な手がかりが，そのように大きな力をもつのは，それが言葉の内容と<u>矛盾</u>する場合である。
> ・言葉の示す指示物を伝えることにおいては，言葉によらない表現手段はほとんど役に立たない（たとえば，「明日の午後2時に会いましょう」「昨日，私は，ベロアの新しい背広を着ていました」，「X + Y = Z」など）。
>
> つまり，メラビアンの法則は，次のように正確に記述する必要があるというわけです。
> <u>感情や態度についての言語表現と非言語表現が矛盾する場合</u>には：
> 　　伝わるメッセージ＝言葉による表現（7%）＋声による表現
> 　　　　　　　　　　（38%）＋顔による表現（55%）
>
> ただし，先に述べた彼の実験を思い起こせば，ここまで一般化することにさえも，慎重になるべきでしょうが…。

4. その他の非言語に起因する誤解

(1) アイコンタクト

　非言語の中でも，視線は特に目立つ要因である。そもそも，会話は通常，**アイコンタクト**すなわち視線を合わせることから始まり，会話中のふたりが互いにアイコンタクトを取る時間は，会話時間全体の 30 〜 60%であるという（深田，1998）。

　視線を合わせない，すなわち，相手とアイコンタクトを取らないならば，相手を拒絶しているように誤解されかねないし，また，何かやましいところがあったり，嘘をついているのかもしれないととらえられたりする（Knapp, Hart, & Dennis, 1974）。すでに述べた通

り，表情や身振り，視線といった非言語の側面は，言語的側面と違って本人がコントロールしにくく，つい本心が表れてしまうと解釈されるからである。

(2) 物理的距離

また，相手の隣や前の席があいているのに離れた席に座るなどという行為も，相手を避けているように誤解されかねない。相手との間の物理的距離の取り方は，**プロクセミクス（近接空間学**または**近接学）**として研究されている。プロクセミクスという概念の命名者であるホール（Hall, 1966）は，コミュニケーションの手段として空間が重要な意味をもつと考えた。他者との物理的距離を，相手との関係や状況によって，ホールは次のように分類している。

1) **密接距離**　およそ 0 〜 45cm（0 〜 1.5 フィート）

夫婦や恋人，親子など，ごく親しい人との間で取る距離であり，手を伸ばせば触れることができる。話す声は小声になる。

2) **個体距離**　およそ 45 〜 120cm（1.5 フィート〜 4 フィート）

私的なコミュニケーションを取る時の距離であり，両者が手を伸ばせば届く程度である。60cm 程度を超えると，話す声は中程度の大きさとなる。

3) **社会距離**　およそ 120 〜 370cm（4 フィート〜 12 フィート）

公的なコミュニケーションを取る時の距離であり，相手には手が届かないが，会話はできる。120cm 程度までは，個人的な用件で話すことが多いが，120cm 程度を超えると，個人的ではない用件，たとえば仕事の話などにおいて取る距離となる。話す声はかなり大きくなる。

4) **公衆距離**　およそ 370cm（12 フィート）以上

講演などの場合に取られる，演者と聴衆の間の距離であり，聴衆の数や部屋の広さによっても変化するが，相手への個人的な関与は

小さくなる。もはや二者間での会話には不適切な離れ方である。普通の話し声では，十分に届かなくなる。

　状況に応じて，こうした範囲の距離の取り方をしていれば，ごく自然に感じられるが，それぞれの範囲を大きく逸脱すると不自然な感じを与える。たとえば，あまり面識のない人と立ち話をする場合，個体距離の範囲で話せば自然だが，相手がそれよりも大きい距離を自分との間に置こうとすれば，妙なよそよそしさを感じる。また，逆に，相手がこちらにどんどん近寄って来て45cmよりも近づくと，思わず後ずさりしたくなる。

　他者が自分にこれ以上近づいてほしくない領域を**パーソナル・スペース（個人空間）**と呼ぶ。これは，自分自身の身体を取り囲む空間であり，自分だけのものと感じる空間である。小声で秘密の話をするといった目的で接近する場合には，相手の目の前ではなく横に立ち，耳元でささやくなど，立ち位置を変えることが一般的だろう。それは，パーソナル・スペースが身体の前方に広く，側方では狭まるためである。

　パーソナル・スペースを大きく取りがちな人は一般に，内向的であったり，相手と親しくなりたいという欲求つまり**親和欲求**の乏しい人，不安傾向の高い人，権威主義的で自己評価が低い人などとされている（渋谷，1986）。したがって，パーソナル・スペースを大きく取ることにより，そうした傾向があると誤解される可能性がある。逆に，パーソナル・スペースを小さめに取ると，上に述べた性格特性とは逆の特性をもつ人だと見なされ，さらに相手に近づき過ぎると，「変な人かもしれない」「自分に危害を加えようとしているのかもしれない」などの不安を感じさせる。自分のパーソナル・スペースに侵入されると，不安や緊張を覚える。このパーソナル・スペースには個人差があるため，それが誤解を招く原因ともなる。

(3) 着席位置

テーブルを囲む際に，相手とどのような位置関係で座るかということについても，一般的な傾向がある。これについて，ゾンマー (Sommer, 1969) は，次のような実験を行っている。

実験参加者に，6人が囲める長方形のテーブル（4辺の長い方にふたり，短い方にひとりが座れる）の図を示し，4種類の目的を呈示して，長方形のテーブルで自分と友人1名がどのように座るかを選んでもらい，その理由を尋ねた。4種類の目的とは，「会話する（条件1）」「1つの作業を協力して行う（条件2）」「別々の作業を並行して同時に行う（条件3）」「競争しながら作業する（条件4）」である。すると，彼らが選んだ座席配置の割合は，表4-2のようになった。通常の会話であれば，テーブルの向かい合わせあるいは角をはさんで座るという選択が圧倒的に多い。理由としては，物理的な近さとともに視線を合わせやすいことが挙げられていた。これに対し，何かの作業を協力して行う場合には，隣り合わせて座るという選択が最も多い。その理由として，物の受け渡しが容易であることが挙げられた。一方，同時に，しかし別々の作業を行う場合には，目が合わない方が望ましいために，互いに離れてテーブルの反対側に座るという選択が多かった。そして最後に，競争する場合には，向かい合う座席が最も多く選ばれた。理由としては，この形が競争を促進するということであった。

さらに，ゾンマーは，6人掛けの丸いテーブルについても同様の実験を行っている。この場合も，類似した結果が出ている。こちらを表4-3に示す。

また，ゾンマーは，座席の選択行動における心理的距離に着目し，長方形，正方形や丸型のテーブルなどを用いて，アメリカ，イギリス，オランダ，スウェーデン，パキスタンで，それぞれ100名の大学生を対象にして，非常に親しく心理的に近い座席から，非常に疎

表 4-2　長方形のテーブルでの席の選択率（%）(Sommer, 1969 より作成)

座席配置	条件1（会話）	条件2（協力）	条件3（同時作業）	条件4（競争）
角・隣接（向かい側端）	**42**	19	3	7
両端向かい合わせ	**46**	25	32	**41**
斜め対角	1	5	**43**	20
同じ側隣接（下）	0	0	3	5
同じ側隣接（左）	11	**51**	7	8
端同士（上下）	0	0	13	18
合計（%）	100	100	100	99

表 4-3　丸いテーブルでの席の選択率（％）　(Sommer, 1969 より作成)

座席配置	条件1（会話）	条件2（協力）	条件3（同時作業）	条件4（競争）
（隣り合う席）	**63**	**83**	13	12
（向かい合った席）	17	7	36	25
（反対の隅に寄った席）	20	10	**51**	**63**
合計（％）	100	100	100	100

遠で心理的に距離がある座席まで，順序を評定してもらった。すると，評定された心理的距離の順序は，5カ国で同じであった。隣り合う席は最も親しいとされ，次に，テーブルの角をはさんだ席，向かい合った席，互いに反対の隅に寄った席という順であったという。

このように，作業の目的や相手との心理的距離によって，多くの人が選ぶ座席の取り方というものがある限り，こうした傾向から外れた着席行動を取ることも，誤解を生む可能性がある。

(4) 身体接触

励ましの言葉とともに相手の肩を軽くたたくようなタッチングすなわち**身体接触**は，コミュニケーションにおいてしばしば用いられ

る。一般に身体接触は，相手に対する親密さを表現するものと解釈され，好意の表れと受け取られる。その結果，接触者に対する印象はよくなることが多い。

　たとえばボーダーマンら（Boderman, Freed, & Kinnucan, 1972）は，ESP（extrasensory perception: 超感覚的知覚）つまり超能力の実験をするという名目で集めた女子大学生の実験参加者に対して，同じく女性の実験協力者に手を触れる条件と触れない条件を設け，実験協力者の印象を尋ねた。すると，手を触れた条件では，彼女をより好ましい人物だと評価していた。

　また，フィッシャーら（Fisher, Rytting, & Heslin, 1976）は，司書が図書館のカードを学生に手渡す際に，手を触れる条件と触れない条件を比較した。ここで，司書および学生には，ともに男女が混じっていたが，司書に対する女子学生からの評価において，司書が手を触れる条件の方が，肯定的な評価（よい人だ，親しみやすい人だ，など）をしていたと報告している。

　触覚は，視覚や聴覚よりも親しみを感じさせる感覚である（Knapp, 1972）。ただし，それほど親密ではない関係においては，身体接触は，かえって疎まれることもある（宮島，1998）。特に異性との間では，余計な誤解を招きかねないため，注意が必要だろう。

(5) 服装や持ち物など

　その人の服装やヘアスタイル，持ち物も，ある種のメッセージを送ることになり，受け手の印象を左右する。たとえば，きちんとした服装をしている人は，だらしない服装の人よりも信頼できるという印象を与えやすい（Thorndike, 1920）。パーソナリティのみならず経済状態や職種などのイメージを服装によって作り出すこともある。また，アクセサリーや時計，バッグなどの持ち物についても同様である。コミュニケーションにおけるこうした要素（衣服，ヘア

スタイル，持ち物，化粧など）を，**人工品**（artifact）と呼ぶ。人工品の選び方によっては，誤解を招くことがある。

　ところで，会話の中で，あることに「言及しないこと」が誤解を生む場合もある。たとえば，相手が普段とはまったく異なる服装やヘアスタイルで現れた時，「あれ，いつもと違うね」などと変化に言及しないことが，相手への無関心やよそよそしさととられることがある。とりわけ，聞き手の気持ちがネガティブな時には，その傾向が強まる。このように，「言わない」ことも意味をもち得るのである。

(6) 文字フォント

　同じ言葉であっても，どのように言うかで印象が変わるのと同様に，どのように書くかということが，印象を大きく左右する。たとえば手書き文字でコミュニケーションをとる場合，書き殴ったような乱暴な文字を書くと，相手を尊重していないと受け取られる可能性が高い。また，大きな骨太の文字で書く場合と，小さく弱々しい文字で書く場合とでは，印象が変わる。文字が小さく弱々しければ，たとえそれが単なる癖であったとしても，相手に対して遠慮している，自信がない，気が小さいといった印象を与えてしまい，そのように誤解されるかもしれない。

　押木・寺島・小池（2010）および押木・渡邊・高田・伊藤（2013）は，手書き文字の書き方が相手に何を伝えるかを実験的に検討している。一般に手書きは温かみを感じるとされるが，手書きであればどんな書き方をしてもよい印象を与えるわけではない。手書き文字の書き方が整斉（整いそろっていること）であり，配列がよい（押木らによれば，文字が大きめで，特に強調したい部分が大きくなっている，言葉のまとまりを考えて改行している，用紙全体を効果的に使っているなど）場合には，受け手によい印象を与えるという結果を得ている。また，汚い文字，小さい文字，細い文字などは，書

き手が「読み手のことを思って書いていない」「気持ちを込めていない」といった印象につながるとしている。

　押木らの研究は，私たちが手書き文字について普段から感じていることを実験的に確認したものである。ずさんな書き方をしてしまった手書き文字は，ネガティブな印象を生むことになるだろう。

　同様に，印刷の活字用フォントも，その選び方によって，印象が変わるということが考えられる。文字情報を表すフォント（字体）についての研究は少ないが[2]，フォントそのものが何らかのイメージを喚起し，それ自体，情報をもつという側面もある。たとえばポップ体は，気安さ，楽しさなどを伝えたい場合に多用されるため，そうしたイメージが伝わりやすいという具合である（石原・熊坂, 2002）。また，石原・熊坂は，官公庁の印刷物は多くが明朝体であったり，鉄道の駅名表示はほぼゴシック体であるなど，フォントの使用には，ある種の規範が存在するため，その規範からの逸脱が何らかの影響を及ぼすと考察する。ちなみに，筆者の好む「エレガント平成明朝体」は，可愛い系のグッズのタグなどに多用されている。

コラム9　「エレガント平成」騒動

　ある教員養成系大学で教えていた頃のことです。偶然「エレガント平成明朝体」なるフォントを見つけた私は，一目で気に入り，購入しました。このフォントで文字を印刷すると，難しい内容も楽しく読める気がしたのです。そしてさっそく，大学院の授業で配る資料に使ってみました。授業をする側の私も楽しくなったので，すっかり満足していました。（この段落のフォントがエレガント平成明朝体です。）

　ところが，しばらくすると，微かな不満の声が上がり始めた

のです。それは主として，30歳代以上の男性の現職派遣教員からでした。彼らの言い分は，「なんだか，くるくるしていて文字が読みにくい」「違和感がある」などです。「人によって，フォントの好みやフォントから受ける印象が違うのだ」と悟った私は，普通の明朝体に戻しました。

　すると今度は，別の受講生たちからクレームがついたのです。それは主に，女性の受講生からでした。彼女たち（男性も含まれていましたが）の言い分は，「せっかく気に入っていたのに」「可愛いフォントで，やる気が出たのに」「慣れると読みやすいのに」ということです。

　2つのグループは反目し合い，なんだか微妙な雰囲気になってきました。そのクラス（「認知心理学特講」）は，たしか60〜70名ほどが受講していたので，私は多数決で資料のフォントを決めることにしました。どちらにしてほしいか手を挙げてもらうと，なんと，ほぼまっぷたつに割れてしまったのです。

　困った私は，その後の配付資料には，普通の明朝体と平成エレガント明朝体を半分ずつ使い分けることにしました。みんなはどう思っていたのかわかりませんが，以後，特にクレームはなかったようです。

　誤解というよりは，フォントに対する好みや感じ方の個人差の問題かもしれませんが，この一件は私にとって，フォントの用い方について他の人がどう思うかを考えさせるものとなりました。私は今もエレガント平成明朝体が好きですが，再び騒動を起こさぬよう，ひっそりと使うことにしています。

　4章では，3章に続いて誤解の心理学的背景を取り上げ，特に言語内容以外の誤解について述べた。次の5章では，文化の違いによっ

て生じる誤解について見ていくことにする。

注

1) うなずきと切り離してあいづちを打つと（頭部を一切動かさずにあいづちを打つと），きわめて不自然であることが予備実験からわかった。そこで，この実験では，うなずきを伴う自然な形であいづちを打つことにした。
2) 印刷に用いられる文字フォントの読みやすさ（可読性）と文章の理解・記憶成績の関連を調べた研究は散見される。たとえば，清原・中山・木村・清水・清水（2003）は理解について調べ，また，ディーマンド-ヤウマンら（Diemand-Yauman, Oppenheimer, & Vaughan, 2011）は，記憶について調べているが，それぞれ，可読性の低いフォントで書かれた文章の方が，記憶・理解成績がよいとの結果を得ている。ディーマンド-ヤウマンらは，読みにくいフォントで書かれた文章には，認知資源をより多く投入するために，理解・記憶が深まることが原因ではないかと考えている。清原らの研究では，可読性の低いフォントとしてゴシック体を，可読性の高いフォントとして明朝体を用いている。ちなみに，筆者の研究室で卒論研究を行った村上（2016）は，文章理解成績において，3段階の可読性（明朝体＞ゴシック体＞行書体）を対象として，理解成績を比較した。成績のよさは，行書体，ゴシック体，明朝体の順になっており，明朝体と行書体，ゴシック体と行書体の間にそれぞれ有意な差を見出している。

　いずれも，読みにくい文字フォントで書かれた文章の理解もしくは記憶成績が優れているという逆説的な結論となっているが，限定的な条件の下で得られた結果であるため，ただちに一般化して「読みにくいフォントを用いれば文章の理解・記憶成績が向上するなら，教科書をすべて読みにくいフォントにすればよい」などと判断するのは，早計だろう。

5章　誤解の文化論的背景

　4章では、言語内容以外の誤解について、その心理学的背景を見てきた。
　この章では、誤解の生じる原因を、文化論的背景の中に求め、論じることにする。コミュニケーションの文化差といっても、実はさまざまなレベルのものが存在する。国と国との間の文化差に加えて、同一国内でも地域による文化差がある。また、男女間の文化の違いという視点も無視できない。そして、微視的に見るならば、個人間においても文化差が存在する。こうした点を、順に見ていくことにする。

1. 日米のコミュニケーション文化の違い

　誤解は、文化の違いによっても生じる。誤解の心理学的背景の中で述べた「文脈」への依存度の異なる文化間でのコミュニケーションにおいては、誤解が生じやすい。文脈依存性の高い文化を**高コンテクスト文化**、低い文化を**低コンテクスト文化**と呼ぶが（Hall, 1976）、日本は典型的な高コンテクスト文化に属する。この文化においては、発話の意味は、明示的な言葉そのものよりも文脈、すなわち、その場の状況や話し手と聞き手の人間関係などによって解釈が規定される。たとえば、会話の中で発せられた「うむ」という言葉は、「はい」「いいえ」「わからない」「少し考えさせてほしい」な

ど，文脈によってさまざまな意味をもつ。日本のコミュニケーション文化の中で育った人であれば，短い省略的な発話であってもさまざまな意味を持ち得るのだという発話解釈が自然と身についていく。日本の文化では，「察し」をよくすることが大切になる。

　一方，ドイツを筆頭に，欧米は概ね低コンテクスト文化とされる。この文化においては，文脈への依存度が低く，発話の意味は文脈に頼らず，概して文字通りに解釈される。「こちらの状況をお察しいただければありがたい」といった期待はほぼ通用しない。細かい点まで，すべて言語化することが要求されるため，明快かつ論理的に言語化する言語表現力が重視される。

　こうした文脈依存性の明らかに異なる文化間でコミュニケーションを行おうとすれば，言語をどちらかに統一したとしても，誤解が生じることがある。日米のコミュニケーションは，まさにその好例である。日本側がアメリカに合わせて英語でやり取りをしたとしても，言語使用の背景にある文化が異なるため，理解し合えない場合が生じる。異文化コミュニケーションは，他国を相手とした外交やビジネスなどにおいて避けられないため，深刻な問題ともなる。そう言えば，1980年代にドイツを訪ねた際に，ドイツの心理学者が，「日本人のコミュニケーションは謎だ。特にビジネス・シーンにおいてドイツの会社と日本の会社との間でコミュニケーション・トラブルが多いので，今，ビジネス・コミュニケーションのプロジェクトに参加している」と話していたのを思い出す。当時の（たぶん今も）ドイツの対日感情は非常に良好だったのだが，「低コンテクスト vs. 高コンテクスト」というコミュニケーション文化の差が根底にあり，ビジネス・シーンでの誤解を招いたのだろう。

　日米間ではまた，沈黙に対する評価も異なる。日本の文化においては，話し手の発話にただちに応答しないという場面は，それほど珍しいわけではない。相手の発言の後に黙っていることは，深く考

えている最中である，同意している，(時には) 拒否しているなどと，意味づけられる。しかし，アメリカの文化においては，沈黙に対する評価は低く，相手の発言に対しては何かを言うこと，そして，できるだけ早く言うことが重要とされる（Muro, 2001）。黙っているということは言葉で表現する能力がないこと，さらには知性の欠如などとしてとらえられるのだという。欧米では，黙っていると，真剣に考えているのだと好意的に理解してはもらえず，否定的に受け取られてしまいがちである。ムロ（Muro, 2001）は，一般に欧米のコミュニケーション文化において，相手の質問に対して黙っていると，次のいずれかに解釈されるという。

1) 質問を聞いていない
2) 質問を理解していない
3) 質問に答えたくない
4) 質問を無視している
5) 怒っている，あるいは返答を拒否している

このように，欧米において沈黙したり小休止したりしていると，とんだ誤解を招きかねない。

また，文章の評価についても，日本語と英語の違いははっきりしている。英語のレポート（エッセイ）では一般に，それぞれの段落の初めに，段落の内容（その段落で言いたいこと）を表すトピック・センテンスが置かれる。また，文と文，あるいは段落と段落のつなげ方に気を配り，因果関係（原因と結果）や理由づけ（主張に対する根拠）といったつながりを大切にする。一方，日本語の文章では，そこまで明確ではない場合が多く，思いつく順に書いていくといったスタイルの文章は珍しくない。そうした日本流の文章に対して，アメリカ人から「この筆者の考えは非論理的である」という評価が下されてしまいかねない。日本では優秀とされていた学生がアメリカの大学に留学し，提出したレポートに低い評価がつけられ，

落ち込んでしまったという話も，よく耳にする。私たち日本人は，アメリカ人に対して文章を書いたり，何かまとまった主張をしたりする際に，よほど意識的に話を組立てないと，「非論理的な人だ（つまり頭のよくない人だ）」と誤解される可能性がある。

　内田（1999）は，1996年から1997年まで客員研究員として滞在したアメリカ・カリフォルニア州スタンフォード大学の附属幼稚園および附属小学校で行った研究を次のように紹介している。

　文字のない絵本"Frog, where are you?"（カエルくん，どこ？）（Mayer, 1969）を材料にして物語を作るという課題を課したところ，英仏独語などのインド・ヨーロッパ語族の子どもたちと，日本・韓国出身の子どもたちが作る物語の展開構造がまるで違っていたとのことである。日本語を母語とする子どもたちは，出来事を時系列で語り（たとえば，「男の子と犬が眠っています。そして，カエルはこっそり逃げ出しました」など），英語を母語とする子どもたちは，因果律で語る傾向があったという。因果律で語る場合は，まず結末が先に述べられ，次に，「なぜなら…」という原因の説明が述べられることになる。たとえば，「カエルが夜中に逃げ出しました。だって，男の子と犬がぐっすり眠りこけていたため，カエルがこっそり逃げ出す物音に気づかなかったからです」などであり，いわゆる結論先行型の語りである。日本の子どもたちの語り方については，すでに内田（1985，1986）で紹介された知見と一致している。

　渡辺（2004）は，内田の知見を確認する形で，日本人とアメリカ人の小学生を対象に，4コマ漫画の内容を説明する文章をどのように書くかを比較した。その結果，日本人の子どもは出来事が起こった順序（時系列）に沿って説明するのに対し，アメリカ人の子どもは，原因と結果という因果律に基づき，結果から原因に遡る説明をするという違いを見出している。これは，両国の大人にも通じるものだろう。こうした説明スタイルの違いは，文章の評価観点にも反

映されると考え得る。したがって，日本人の書いた説明は，アメリカ人から見ると，評価の低いものになるのかもしれない。

出来事の因果と生起順序のどちらに着目して語るかという問題以外にも，語りかけにおいて日米の違いが認められる。たとえば，ファーナルドと森川（Fernald & Morikawa, 1993）は，日米の母親が，おもちゃについて乳幼児に話しかける内容の違いを明らかにした。彼女らによると，まず，日本の母親はアメリカの母親よりも，あいづちを多く打つ。次に，アメリカの母親には，対象の名前や属性について子どもの注意を引きつけるように，話しかける傾向がある。たとえば，「あれは車よ」「車，見てごらん」「あの車，好き？」「素敵なホイールね」など。これに対して日本の母親は，おもちゃを介した一連の，思いやりのある言葉かけを重視する。たとえば，「はい，ブーブー」「はい，どうぞ」「はい，これちょうだい」「はい，ありがとう」といった具合である。さらに，犬のおもちゃの場合には，「かわいい，かわいい，してあげて」というように，おもちゃに好意的な感情をもつよう促す。

彼女らは，この結果を，日本人の関係性重視の傾向を表すものであり，思いやりを示す言葉かけ（polite speech）を子どもに教えるものと考察している。このように，乳幼児期においてすでに，周囲からの言語的な働きかけが日米間で異なっているのである。

また，石井・北山（2004）は，他者に情報を伝達する際に，アメリカ人は情報伝達だけを目的にするが，日本人の場合には情報伝達に加えて相手との関係性に気を遣うと報告している。つまり，目上の人には敬語表現（丁寧表現や敬称など）を用いるため，余分に認知資源を消費するのである。このような日本の言語文化の背景にあるものは**相互協調的自己観**であり，アメリカ言語文化の背景には**相互独立的自己観**があるという（Marcus & Kitayama, 1991）。日本を含む東洋は集団主義的な社会・文化規範をもち，コミュニケーシ

ョンにおいて関係性の維持を重視するが，アメリカを含む西洋は個人主義の社会・文化規範をもち，情報伝達そのものを重視する（石井・北山，2004）。

相手の発話中に打つあいづちが，アメリカ人に比べて日本人ははるかに多いということも，こうした背景によるものだろう。メイナード（1993）は，日米の日常会話を各20組（計120分）について分析し，本来の意味でのあいづち（短い表現）が，日本語会話で計614回，英語（米語）会話で215回と，日本語では約3倍の頻度であることを報告している[1]。アメリカでも，ある程度のあいづちは，発話促進効果をもつと考えられるが（Matarazzo, Saslow, Wiens, Weitman, & Allen, 1964），日本語会話において見られるほどの頻繁なあいづちは，アメリカ人にはあまり歓迎されないかもしれない。

また，日本では当たり前の「謙遜」も通じないだけでなく，アメリカでは，ひんしゅくを買うことにもなりかねない。「つまらない物ですが…」とお土産を渡すなど，もっての他だという話は広く出回っているが，「不出来な娘で…」などと身内を紹介するのも，論外である。さらに，筆者のラスベガス在住の友人（日本人）の話では，アメリカのホームパーティーなどで料理を勧められた時，「本当は食べたいけど，1度目は慎み深く遠慮しておき，2度目に勧められたら，いただこう」と待ち受けていると，その「2度目」は永遠に来ないという。

こうしたコミュニケーション文化の違いは，日米のコミュニケーションに離齬を生みかねない。国を超えた行き来が盛んになるにつれて，多くの国々の間で，異文化コミュニケーションの問題が持ち上がっている。3章で，海外での出来事に戸惑った日本人の体験を紹介したが，海外で戸惑うのは，何も日本人だけではない。

あるアメリカ人は，ギリシアでの自らの体験を報告している。商品の売り手に対して，わざわざその商品を「買いたくない」と言っ

たなら，それは，「値段を下げてくれたら買う」という意味に受け取られ，交渉を始めることになるという。本当に買う気がないならば，売り手と言葉を交わさず目も合わせずに，さっさと立ち去ってしまわなければならない。そうでなければ，買うための値引き交渉に入ったと誤解される。ましてや，売り物を手に取るなどしてはならないとのことである。売り手に応じるたびに，商品に興味をもっていて，また別の物を見たがっているように見えてしまう。それが買い手の交渉術だと誤解され，売り込みはますます激しくなる（Tannen, 1990）。

　一般に，その国のコミュニケーション文化をよく理解せずに観光やビジネスで訪れると，不利な誤解を受ける可能性がある。運が悪ければ，大きなトラブルにも発展しかねないため，注意が必要である。

　また，コミュニケーションにおける視点取得の文化差を扱った次のような研究がある。ラックら（Luk, Xiao, & Cheung, 2012）は，3章で紹介したケイサーらの実験手続きを参考に，視点取得における西洋文化（特にアメリカ文化）と中国文化の影響を比較した。まず，英語と中国語のバイリンガルであり2文化併存である香港の中国人実験参加者に対し，いずれかの文化を強く意識させるための**文化プライミング**を行う。具体的には，西洋文化条件では，星条旗やスーパーマンなどの絵を見せて西洋文化を意識させ，中国文化条件では，中国の龍（Chinese dragon）や孔子などの絵を見せて中国文化を意識させる（図5-1）。いずれの条件においても，「この絵はどこの国を象徴していますか？」などの質問に対し，参加者は絵を見ながら答える。なお，やりとりは中国語で行われた。こうした文化プライミングを経て，対象物は異なるものの，ケイサーらと同様の実験を行った。つまり，実験参加者である聞き手は，話し手の視点に立たなければ，課題に失敗するような仕組みになっていた。

図 5-1　文化プライミングに用いられた絵の例（Luk et al., 2012 より）

　結果として，文化の影響が明確に現れ，西洋文化条件では視点取得課題に失敗した割合が 45% にも達し，他方，中国文化条件では 5% だった。ラックらは，この結果を西洋と中国の文化差に起因するものととらえており，西洋の個人主義においては相手の視点を取るという視点取得が，相対的に起こりにくくなるのではないかと解釈している。日本と同じく高コンテクストとされる中国文化では，聞き手は話し手が言おうとしていることを話し手の視点に立って理解しようとする傾向が，西洋文化よりも強いということを，ラックらの研究は示している。
　さらに，「自分の額にアルファベットの"E"を指で書く」といった課題において，視点取得と自己意識（自分への意識）の関係を調べた研究がある。アメリカでの実験においては，カメラを向けられ

て公的自己意識（人から見られる自分への意識）が高まった状態では，「自分から見て」ではなく，「他者から見て」正しい向きの"E"を書いた人が55%であったのに対し，カメラを向けられない場合には18%しかいなかったという報告がある（Hass, 1984）。つまり，公的自己意識の高低が視点取得を左右することが示された。

　ところが，日本で行われた類似の実験（"E"を含む文字リストから選ばれた文字を1文字ずつ額に当てたボード上の紙に鉛筆で書く）では，カメラを向けられていない条件においてさえ，50%程度が文字の向きを他者から見て正しく書けていた（戸田・伊藤・喜井・岡部・吉田, 2010）。つまり，まったく同じセッティングではないものの，日本人の方がアメリカ人よりも，自発的に他者視点を取る傾向があると推測することができる。こうした視点取得の文化差が，異文化コミュニケーションに影響することは十分に考えられる。

2. 日米摩擦の裏にある誤解

　日米間の摩擦については，しばしばマスコミによって報道されるところである。ここでも，背景には，誤解の問題があることは否めない。久米・長谷川（2007）は，過去の日米交渉において，日本が不利な立場に置かれていたケースを指摘している。たとえば，1991年に起こった湾岸戦争の際，当時のアメリカ大統領のブッシュ氏は日本の首相である海部氏に電話をかけ，ペルシア湾岸への支援を要請したという。しかし，米大統領と日本の首相とでは意思決定の権限が異なるため，海部首相はすぐに対応することができず，最終的に130億ドルもの経済支援を行ったにもかかわらず，あまり評価されなかったと伝えられている。その背景には，早口でしゃべり，迅速に行動を起こすことを重視するアメリカ文化と，沈思黙考型でじっくり物事に取り組む日本文化の隔たりがあり，日本の首相は有能で

はないとの印象をもたれてしまったとされる（久米・長谷川, 2007）。日本の政治家がよく使う「検討しておきます」という返事は，アメリカでは悪印象を招くため，時と場合によってはむしろ，「これこれの理由で協力できない」と明確かつ迅速に断る方がよい場合もあるとのことである。

　どちらか一方のコミュニケーション文化に無理に合わせる必要はないが，少なくとも，文化差ゆえに不利な誤解を受けている場合があるとの認識，言い換えればメタ認知的知識をもつことは重要である。その上で，少しでも誤解を避けるために，事情や文化の違いを相手にわかるように説明するなどの努力を惜しんではならない。

　先の話とは逆に，渡辺（2004）は次のようなケースを紹介している。2002 年に愛媛県宇和島水産高等学校の練習船「えひめ丸」にアメリカの原子力潜水艦が衝突し，「えひめ丸」が沈没するという事件が起きた。この時，アメリカ側が即座に謝罪しなかったため，日本側の強い怒りと批判を招いた。その際，NHK 解説委員のひとりが，日米の対応順序の違いに着目したという。日本では，何か問題が起きた時にはまず謝罪し，その後から原因を突き止めて刑罰や補償という順序で進んでいく。これに対し，アメリカでは，まず原因を究明し，その原因に応じて，刑罰や補償という話になり，最後に謝罪を行うとされている。このように，両国の間で，問題を扱う順序が異なるために，双方の誤解や不信が生じるという。謝罪が自らの過失を認めたと受け取られ，不利益をもたらすという文化が存在する限り，このことを知っておかなければ，自らを不利な立場に追い込むことになりかねない。

3. 日米の表情差

　私たちの顔の表情は，感情を表すために大きな役割を果たすものである。ある表情がどのような感情を表すか，つまり表情と感情の対応関係は，生まれつき備わっている感情表現法であるため，文化を超えて共通しており，理解しやすいとされる（Ekman & Friesen, 2003）。エクマンらの言う6つの基本感情（驚き，恐怖，嫌悪，怒り，幸福，悲しみ）に対応する典型的な表情の特徴は，概ね次の通りである（Bull, 1986）。

1) 驚き：眉が上がり，目を大きく見開く。額に横じわができる。口が開いてあごが下がる。
2) 恐怖：眉が上がり，眉間が狭まる。額に横じわができる。唇が張り詰めた状態で後ろに引っ張られる。
3) 嫌悪：上唇が上がり，鼻にしわが寄る。下まぶたが上に押し上がり，頬は引きつる。
4) 怒り：眉間に縦じわができ，鼻孔が膨らむ。唇は真一文字に閉じられるか，四角状に開けられる。
5) 幸福：唇の両端が上がって後ろに引かれ，口が開いて歯が見える。頬が上がって目が細くなる。
6) 悲しみ：唇の両端が下がる。下まぶたが上がったように見える。

　写真5-1に，アメリカ人女性の表情例を示す。
　しかしながら，日本人が，海外，特にアメリカに滞在した折に，現地の人から，「あなたの表情がわかりにくい」「どう思っているのか，よくわからない」などと言われたりして，戸惑ってしまったという声を聞くことがある。また，増田・山岸（2010a）は，日本人女性が，

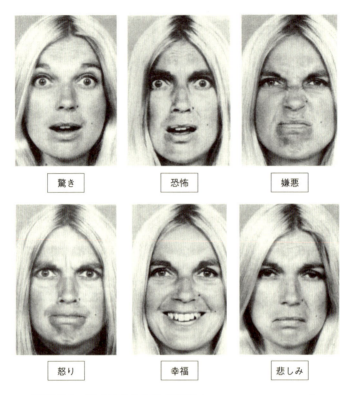

写真 5-1　アメリカ人女性の表情（Ekman & Friesen, 2003 より）

　アメリカやカナダで出産する際に，陣痛を訴える度合いが北米の医師や看護師にとっては，実際よりも小さく感じられるため，この程度の痛みならまだ出産までに時間がかかるだろうと判断されてしまったという話を紹介している。
　確かに，顔の造作についても，平均的な日本人の顔は一般にアメリカ人よりも小作りであり，また，あまり感情を表に出さない日本人も少なくない。そのため，感情表出がわかりにくく，誤解を生んでしまうのかもしれない。
　写真 5-2 に，ある 20 歳代の日本人女性の表情を示す。写真 5-1 と

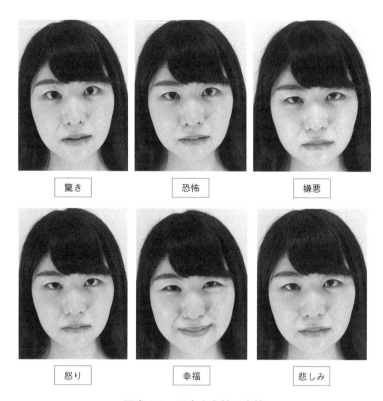

写真 5-2　日本人女性の表情

見比べてみてほしい。

　表情のわかりやすさという点で，写真 5-1 と写真 5-2 には差があるのではないだろうか。一般には，日本人よりアメリカ人の表情の方が，わかりやすい。私たちがアメリカ人に対して，明確に感情を表したい時には，ややオーバーに表情を作る必要があるのかもしれない。

4. 男女間のコミュニケーション文化の違い

　少なくともアメリカにおいては，男性と女性の間でも，コミュニケーション文化が異なるという指摘がある（Lakoff, 1975; Tannen, 1990）。言語とジェンダーの関係について，女性の言語文化と男性の言語文化がいかに異なるかという点に着目したレイコフ（Lakoff, 1975）が問題提起を行い，この問題は大きな研究テーマとなった。

　コミュニケーション文化が異なれば，当然，両者のコミュニケーションにおいて誤解が生じやすくなるはずである。実際，男女のコミュニケーションに誤解が生じる場合が多いという。モルツとボーカー（Maltz & Borker, 1982）は，インフォーマルな場でのアメリカ人男女の会話において，両性の果たす役割が異なるという点から研究をスタートさせている。彼らによれば，まず，女性は男性と話す時，相手に何かを尋ねることが多く，これに対して男性が教えるという役回りになるという。フィッシュマン（Fishman, 1978）は，3組のカップルの家庭での会話を録音したデータを分析し，確かにこのことを裏づけている。7時間の中で，3人の男性は59回の質問をし，対する女性側は，150回の質問をしている。その差は，3倍近くにもなることがわかった。

　女性が男性に質問するのは，会話を滑らかに進めて人間関係を築こうとするためであるが，男性側からすると，依存的で自ら解決したり判断したりすることができず，男性を頼りにしているためと映る。さらに，女性はよく肯定的なあいづちを打つが（Hirschman, 1994），これは，相手の話に興味を持っていることを伝え，発話を促すためである。一方，男性の多くは，あまりあいづちを打たず，疑問や反論がある時にのみ，口を挟む。しかし，彼らは女性の話の途中で割り込むことが多い（West & Zimmerman, 1977）。ウェストとジマーマンは，11組の男女の会話を録音して分析し，その中で生じ

る割り込みの96%は男性によるものであることを明らかにしている。つまり，非常に多くの場合，女性が話している最中に発話交替を待たず，男性が割り込みをかけるという現象が起こっていることになる。

　また，男性は，話し手の考えに賛成できないのに，「うんうん」「そうだね」などといったあいづちは打たない。彼らが「そうだね」と言う時には，本気でそう思っており，賛成でもないのに「そうよね」などと言う女性のあいづちには，不誠実さを感じてしまう。男性は，当たり障りなく肯定的なあいづちを打つよりも，会話を活性化するために，あえて反論し議論をふっかけることもある。それが，話し手に対する彼らなりの敬意や親密さの表現とされる（Wood & Reich, 2003）。

　ウッドらは，男女のコミュニケーション文化の違いを，次の10項目にまとめている。

1) 女性は，話すことで人間関係を築き維持しようとするが，男性は，話すことで自分自身や自分の考えを主張する。
2) 女性は，自分の個人的なことを自己開示する（オープンにする）が，男性は，個人的なことを話すのは自分を弱々しく見せてしまうと考える。
3) 女性は，「私もあなたと同じよ」とアピールし，男性は，自分のステータスと権力をアピールする。
4) 女性は，他者の経験と自分の経験を同等のものととらえることで，理解と共感を示す（「あなたの気持ち，わかるわ」など）。一方，男性は，体験を競うことで，注目を浴びようとする（「僕の方が勝ってるよ」など）。
5) 女性は，他者を支えるために，相手の気持ちへの理解を示すが，男性は，アドバイスを与えたり問題解決の手立てを

話したり，何らかの役立つ行動を起こす。
6) 女性は，意見を聞いたり詳しく話すよう励ましたりすることで，他者を会話に引き込もうとする。一方，男性は，トークのステージを独占し，また，コミュニケーションによって他者からステージを奪い取り，人の話に割り込もうとする。
7) 女性は，質問したり他者の考えに関心を示したりして，会話を続けようとする。一方，男性は，会話は自己責任で進めるべきだと考え，手助けしない。
8) 女性は，応答的であろうとし，自分が相手の話を聞いていること，関心をもっていることを示そうとする。一方，男性は，自分の考えを通し，他者に勝るために応答する。
9) 女性は，他者が自由に考えを述べられるように，自分自身の考えを前面に出さないが，男性は，自分が自信に満ち，会話を仕切っているように見せるために主張を明確にする。
10) 女性にとって，話すことは人間関係を築くことであり，細かい部分を話すことや興味をもった部分にコメントすることは，絆を深める。一方，男性にとって話すことは，情報を伝え，目標を達成する一連の流れであるため，主題と無関係な細かい部分は妨げとなるだけである。

　アメリカにおける個人的な会話は一般に，女性は相手に合わせ共感するようなスタイルで，一方，男性は相手に対して自分の独立性や優位性を示すスタイルで行われるために両者の間で誤解が生じることになるのだが（Wood & Reich, 2003），そもそも，いつ頃から，そうしたスタイルを身につけるのだろうか。レイコフ（Lakoff, 1975）によれば，5歳以下でそうした話し方を身につけるという。

メディチ（Meditch, 1975）も，男女の話し方は生物学的に規定されるものではなく，幼い頃から男女の性役割への役割期待に影響されて学習するものだと考えた。実際，5歳くらいまでに話し方の男女差が現れ，録音された話し声を聞いただけで，その話し方からだいたい正確に（約80%）性別を言い当てられることを示している。彼女は，子どもたちが大人からそうした男女の話し方の違いを学ぶのではなく，自分たちと同年齢の仲間との遊びの中から学び取るのだという。

　タネン（Tannen, 1990）は，女性が自分の悩みや抱えている問題を男性に打ち明けると，その男性は，解決策を求められたのだと考え，「こうしたらどうか」と提案するが，その対応に女性は満足しないと述べる。女性が求めているのは，まず共感や気遣いであり，解決策よりも，そちらの方がはるかに大切だという。ただ共感しながら愚痴を聞いてほしいという女性と，聞くだけでは何の足しにもならないと考える男性の間のギャップは大きい。タネンは，次のような会話を紹介している。

夫：「すごく体がだるいな。ゆうべはよく眠れなかったんだ」
妻：「私もよく眠れなかったの。最近，眠れないわ」
夫：「どうしてそんなふうに，僕の言うことを軽く受け流そうとするんだ！」
妻：「違うわよ！　よくわかるわって言いたかっただけじゃない！」

　妻は，夫の言葉で心が傷つくだけでなく，困惑する。いったいなぜ，妻が夫を軽んじているなどと夫は思うのだろうか？　妻が夫の状況に共感を示そうとすると，独自性を主張したい夫は，自分の経験していることがごくありふれたことであり，たいしたことではな

いと言われているように感じてしまうのだ。

このように，一連の研究は，コミュニケーションの取り方や位置づけにおいて，男女差が存在することを示している。

コラム10　あるカップルの破局

　彼女は，夫との会話が穏やかなものとなるように，いつも気をつけていました。自分の希望を伝える時も，何か提案をする時も，夫の意向を最大限，尊重するよう気を配っていたのです。（実は夫も，妻の間接的な要求表現を受け入れようとしていたようです。）彼女が自分のお姉さんの家をふたりで訪ねたいと思った時にも，次のように会話を始めました。

　彼女：「姉の家に行きたいと思う？」
　夫：「いいよ（Okay）」
　（彼女には，この「いいよ」という返事が質問に対する答ではなく，「きみに合わせてあげてもいいよ」というふうに聞こえたのです。そこで，再び彼女は尋ねました。）
　彼女：「本当に行きたいの？」
　夫：「わけのわからないことを言わないでくれよ！　自分が何をしたいのか，どうして自分の気持ちを決められないんだ！」
　（なぜ夫がこんなふうに怒鳴るのか，彼女にはとうてい理解できません。）
　彼女：「私の気持ちですって？　そんなこと，言ってないでしょ。私は，あなたの望むようにしたいと思ったのよ」
　彼がいきなり怒り出したことで，彼女は狼狽しました。というのも，彼女は父親から，どんなにひどくムカついたとしても，

> 怒鳴るのではなく穏やかに気持ちを伝えるべきだと教えられてきたからです。
>
> 　これは，このカップルが破局を迎える直前の口論であり，それまでの結婚生活の中で積もり積もった思いが吹き出した末のことだったのでしょう。
>
> 　ここに登場する「彼女」とは，実は，デボラ・タネンです。夫と別れたタネンは傷心を抱え，夫婦の会話のすれ違いを探求すべく，言語学の研究を始めたとのことです。
>
> 　　　　　　　　　　　　　　　　　　　（Tannen, 1986 より）

　しかし，コミュニケーション文化の男女差を過度に一般化することには慎重にならなければならない。エルジン（Elgin, 1993）はタネンらの研究がアメリカの主流英語（American Mainstream English）を対象にしたものであるという点に留意する必要があると述べている。実際，コミュニケーションにおける男女の文化差は，国によっても異なる部分があるだろうし，また，同性どうしであっても，必ずしも同じコミュニケーション文化を共有しているとは言い難い。

5. 日本国内でのコミュニケーションの文化差

　日米を中心とした言語文化の違い，そして，主としてアメリカにおける男女のコミュニケーション文化の違いについて述べてきた。しかし言語文化の差は，もっと身近なところでも見られる。つまり，同じ国の隣接した地域における同性どうしの間でも，言語文化が異なる場合がある。

　久米・長谷川（2007）の中で，長谷川は，次のような体験談を紹介

している。彼女は神戸出身であるが，京都出身の女性教授のコミュニケーション・スタイルに戸惑ったという。たとえば，彼女が，ある日キャンパス内で，その女性教授に出会った際，「先生はよく声が通るから，いいですね。学生も眠たくならないでしょう」と言われたそうだ。彼女は，すぐには何のことだかわからなかったが，もしかすると「マイクを通した声がうるさい」という意味ではないかと推測し，「すみません。うるさいですか」と聞いてみた。すると，「いいえ，いいんですよ」という返事が返って来たため，自分の推測が正しかったことがわかったという。

　近隣の大阪ではものをはっきり言うのと対照的に，京都の人はやんわりとものを言う，という指摘を耳にすることがある。もちろん，大阪の人が皆ものをはっきり言うわけではなく，京都の人がすべて遠回しな言い方をするわけではないだろう。また，その場の状況やふたりの人間関係，これまでのいきさつなどによっても変わってくるだろう。

　コミュニケーション・スタイルに，いわゆる県民性のようなものがないとも言えないだろうが，これを一般化しすぎるとステレオタイプ（「○○県の人はみんな△△だ」といった紋切り型の見方）に，そして，悪意が混じると偏見になりかねない。「あの地方の人が，こんな言い方をしたら，それはこういう意味になる」と決めてかかることは，かえって誤解の原因となる。とは言え，国内においてもコミュニケーションの文化差が存在するというメタ認知的知識をもっておくことは役に立つだろう。

　コミュニケーション文化は，家庭ごとでも異なる部分があり，さらに突き詰めれば，個人によっても異なる。家族内でも，言語・非言語のスタイルなどが全員同じというわけではない。結局，相手のコミュニケーション・スタイルを観察し，「その人独自の文化」を理解しようとする姿勢が誤解の予防につながると言えるだろう。個人

間コミュニケーションも，厳密に言えば「異文化間コミュニケーション」ととらえることができるのである。

コラム 11　お茶漬け伝説

　京都では，長居しそうな訪問客に早く帰ってほしい時，「お茶漬けでもいかがですか（ぶぶ漬けでもどうどす）」と言うが，決して真に受けてはいけないという話を聞いたことはありませんか？　京都の人は本当にこのように言うのだろうか，という疑問が湧いてきます。京都に長く住んでいる人に尋ねても，「そんなふうに言うと聞いたことがある」「自分は言わない」といった返事が返ってきます。さて，真相は，どうなのでしょうか？　朝日新聞の記事によると，以下のような解説がありました。

　大正時代創業で，お茶漬けが評判の「丸太町　十二段家」（京都市中京区）の3代目主人の秋道賢司さんに聞いたところ，「よくお客さんからも聞かれるんですが」と前置きしながら，きっぱりと否定されたそうです。創業300年の香老舗「松栄堂」の畑正高社長は「京都の人はよく茶漬けを食べるから，大阪の人が風刺して，落語のネタとして創ったのでは」との意見。

　一方，京都出身で京ことばに詳しい関西外国語大名誉教授の堀井令以知氏は，文久元年（1861）生まれの祖母があいさつとして使っていたのを記憶していると言います。「史料・文献は見たことがないが，江戸から明治ごろには日常的に使われたのではないか」とのことです。

　上方落語の演目に「京の茶漬け」というものがあり，三代目桂米朝師匠の持ちネタだった，というのは事実ですが，今となっては，「お茶漬けでも…」の話は，どうやら伝説となってしま

ったようです。
　（参考：http://www.asahi.com/kansai/travel/kansaiisan/OSK200912090030.html）

　増田・山岸（2010b）は，文化心理学の観点から，コミュニケーションの文化差について，意味論や統語論よりも，語用論的な側面にもっと光を当てるべきだと言う。それは，文化によって言葉の使い方が異なることを扱う語用論が，世界を理解する枠組となる人間観や世界観に関わるものだからである。言語学の枠組を超えて，人間の心理を念頭に置かなければ，的を射た発話解釈を行うことは難しい。それゆえ，発話解釈に関連するさまざまな要因を理解し，一面的な解釈を客観的に見直すという作業が必要になるのである。

　解説編ではこれまで，誤解の言語学的背景，心理学的背景，そして文化論的背景について述べてきた。実にさまざまな要因が誤解の背景にあることがわかる。誤解の問題は一筋縄では解決できそうにない。しかしながら，これらの要因について正しい知識を獲得したならば，その知識を使って誤解を予防できる可能性が高まる。また，自分の，そして他者のコミュニケーションを客観的にモニターすることで見えてくるものや気づきがあり，この気づきをもとにコミュニケーションの取り方を調整することも可能になる。
　実は，コミュニケーションにおける自分自身の経験や他者のふるまいを観察することを通して得た知識を使って，コミュニケーションをモニターしたり調整（コントロール）したりすることを，私たちは無意識のうちに，ある程度行っているのである。このように，コミュニケーションを客観化・対象化してとらえることがコミュニケーションのメタ認知である。

次の 6 章では，コミュニケーションに関わるメタ認知について，また，コミュニケーションおよびメタ認知を司る脳機能について見ていくことにする。

注

1) メイナードは，「頭の動きのみ」や「笑い」をもあいづちに含めており，これらの頻度は下の表のようになっている。

あいづちの形態	日本語		英語（米語）	
	頻度	割合(%)	頻度	割合(%)
短い表現	614	70.49	215	50.23
頭の動きのみ	164	18.83	150	35.05
笑い	93	10.68	63	14.72
合計	871	100	428	100

（メイナード，1993 より作成）

6章　コミュニケーションに関わるメタ認知と脳機能

　2章では誤解の言語学的背景を，3章・4章では心理学的背景を，そして5章では文化論的背景を論じた。こうした誤解の背景についての知識をもつことは，誤解に対する洞察を深め，誤解経験をふり返りやすくするとともに，誤解の予防へとつながっていく。ここまでの解説編で紹介した知見すなわち知識は，誤解というコミュニケーションの失敗を一段上から対象化してとらえた知識であり，メタ認知的知識と呼ぶことができる。メタ認知的知識は，メタ認知的活動の源となる。

　解説編の最後となる6章では，誤解を含めたコミュニケーション全体をメタレベルでとらえるとともに，コミュニケーションという活動を脳の部位との関連から見ていくことにする。まず，コミュニケーションのメタ認知について解説し，次に，コミュニケーションおよびそのメタ認知を司る脳の働きについて，最近の脳研究の主要トピックである「社会脳」の知見も取り上げながら解説していく。

1. メタ認知とは何か

　コミュニケーションにおいて重要な働きをする**メタ認知**（metacognition）とは，一言で言うならば，認知についての認知である。認知は，そもそも，見る，読む，聞く，書く，話す，記憶する，思い出す，理解する，考えるなど，頭を働かせること全般を指

す。こうした自らの認知を客観的にとらえることが，メタ認知である。たとえば，「Aさんの説明を聞いてわかった気になっていたが，本当にわかったのだろうか」といった問い直しはメタ認知である。また，認知と密接なつながりをもつ感情に対しても，冷静にメタ認知を働かせることができる。「あの時は，イライラしていたので，つい相手の言葉を悪くとってしまった」といった気づきもメタ認知である。このメタ認知が働くお陰で，私たちは認知の暴走を防ぐことができる。

　メタ認知は1970年代に，発達心理学においてフレーヴェル（たとえばFlavell, 1979）やブラウン（たとえばBrown, 1978）が導入した概念である。メタ認知の一部は，昔から**省察**（reflection）と呼ばれていた。これは，自らをふり返って熟考することを意味する。哲学者であり，さらに教育学者として学校教育に関心の高かったデューイ（Dewey, 1933）は，省察という概念を好んで用いた。彼は，学校教育の中で**省察的思考力**を育てることが大切であると考え，自ら設立した実験学校において，この考えを教育実践に反映させた。さらに古くは，ギリシアの哲学者ソクラテスの説いた「無知の知」（自分がわかっていないということを知ること）が，まさにメタ認知であったと考えられる（メタ認知概念の歴史的背景や詳細は，三宮（2008b）に詳しい）。すでに古代から，人々はメタ認知を働かせていたのである。

　メタ認知は，表6-1のように，知識の成分と活動の成分に分けることができる。メタ認知は，ひとまず，認知を俯瞰することと考えてもよいだろう。メタ認知の研究は，もともと記憶の発達や記憶方略・学習方略といったテーマについて，個人内で生じる認知を対象としてきた経緯がある。

　しかしながら，コミュニケーションという通常は他者との関わりの中で行われる認知活動において，メタ認知はさらに大きな役割を

表 6-1　メタ認知の成分

1） **メタ認知的知識**
・人間一般や自分の認知特性についての知識
・課題についての知識
・方略についての知識
2） **メタ認知的活動**
・メタ認知的モニタリング
認知についての気づき，予想，点検，評価など
・メタ認知的コントロール
認知についての目標設定，計画，修正など

果たす。コミュニケーションは通常，個人内では完結せず，相手に正確に情報が伝わることが肝心である。そのためには，自分の認知についてだけでなく，自分と相手の認知の間にずれが生じていないかどうかについてもモニターし，ずれが生じないようにコントロールしなければならない。メタ認知を働かせることなしにコミュニケーションがうまく行われることはあり得ないと言っても過言ではない。

2. コミュニケーションに関わるメタ認知

　メタ認知を具体的にコミュニケーションに当てはめてみると，表6-2のような例が考えられる。

　認知とメタ認知の関係を図で表すと，図6-1のようになるだろう。メタ認知的モニタリングによって，認知活動についての情報がメタ認知に送られ，メタ認知からの指令が認知活動に対して送られるという具合である。これは，あたかも，自分の考えたことに対して，もうひとりの自分が「本当にそれでいいの？」「ダメでしょ」などと監督しているようなものである。

表6-2 コミュニケーションに関わるメタ認知の具体例

●メタ認知的知識
・人間一般や自分の認知特性についての知識
  「きちんと伝えたつもりでも，相手にまちがって伝わることがある」
・課題についての知識
  「話をする場合には，内容に加えて視線や表情，声の調子なども大切だ」
・方略についての知識
  「説明には，具体例を添えると聞き手にわかりやすい」

●メタ認知的活動
・メタ認知的モニタリング
  「私の話し方は速過ぎて聞き取りにくいのではないか」
  「私の言いたいことは相手に理解されただろうか」
・メタ認知的コントロール
  「まずは内容の概略を最初に理解してもらおう」
  「自分の体験談を話して相手の関心を高めよう」

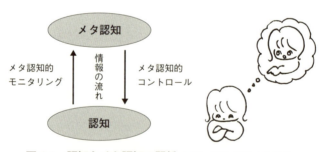

図6-1　認知とメタ認知の関係（三宮，1995a，2002より作成）

　親しい友人との雑談であれば，私たちは，その場の思いつきで話すことも多い。しかし，失敗すると深刻な事態を招きかねないコミュニケーションにおいては，自分がコミュニケーションについてもっているメタ認知的知識を活用しながら，慎重に対処する。つまり，

事前段階で「どう話そうか」とプランを練り，「たぶん相手は，こんなふうに反応するだろう」と相手の反応を予想し，「少し言い方を柔らかくしてみよう」などとコミュニケーションの手立て（方略）を考える。実際に会話を行っている間ももちろん，相手の様子を見ながら，表現や話の展開を調整する。また，話が終わってからも，ふり返りを行う。

　たとえば，こんなケースを考えてみよう。あなたは先輩Aさんからの誘いを，その日は都合が悪いからと断り，先に決めていた友人たちとの飲み会に行ったとする。Aさんには，断った詳しい理由を話していない。しかし運悪く，友人たちと行った飲み会の話がAさんに伝わってしまったようなのだ。あなたとしては，先約を優先したという大義名分があるのだが，今さらそれをAさんに言うのも，なんだかわざとらしい気がする…。このような場合，Aさんにどう説明するか，考え込んでしまうのではないだろうか。その際の，会話の前（事前），会話の最中（事中），会話が終わってから（事後）のそれぞれの段階で，メタ認知的活動がどのように行われるか，その一例を示したものが表6-3である。

　たとえ，このようにメタ認知を働かせたとしても，Aさんとの間が何となく気まずいままかもしれない。しかしながら，少なくとも，今後のよく似たケースを予防することには役立つのではないだろうか。

　話し言葉だけではなく，文章を書く際にも，メタ認知は重要な働きをする。文章の誤字脱字をチェックする必要があることは言うまでもないが，とりわけ，特定の個人ではなく不特定の読者を想定する場合には，読み手にうまく伝わるかどうかを慎重に吟味しなければならない。そこで，書きっぱなしではなく，読み返して修正を行う推敲が必要になる。

　フラウアーとヘイズ（Flower & Hayes, 1981; Hayes & Flower,

表6-3 コミュニケーションの各段階におけるメタ認知的活動の例

コミュニケーションの前に	コミュニケーションの最中に	コミュニケーションの後で
「Aさんにこの件をきちんと説明しよう」	「Aさんは，どのように受け取っているだろうか？」	「Aさん，初めは少し怪訝な表情だったから，切り出し方をもう少し考えた方がよかったな」
「Aさんは，他の人からどんなふうに聞いているのだろうか（まずは確認してみよう）」	「Aさんは，気を悪くしていないだろうか？」	「あとで，Bくんからもフォローしてもらっておこう」
「どんな順序で説明すると，Aさんが納得しやすくなるだろうか（最初に謝ることが肝心だ）」	「Aさんは，心から納得してくれているだろうか？」	「自分がAさんといっしょに行きたがらない，と誤解されないためにも，今度自分からAさんを誘ってみよう」
	「あと，何か言い落としていることはないだろうか？」	

1986）は，文章を書くという行為を，3つの段階に分けている。まず，自分の書きたいことをあれこれ思い浮かべる。これは，計画の段階である。次に，実際に書いてみる。これは，考えを文章に変換する段階である。そして，書き上げた文章を読み直し，誤りを検出して修正したり，適切な言葉に置き換えたり組立てを改善したりする。これは推敲の段階である。一般に，推敲の重要性は必ずしも十分に理解されていない。しかし，推敲は，誤りの修正に加えて，書き手の考えを読み手に効果的に伝えるための工夫を含むため，文章の出来映えを左右する非常に大切な作業である（Adams, Simmons, Willis, & Pawling, 2010）。

この推敲段階において，特にメタ認知は欠かせない。たとえば，優れた書き手が推敲を重視するのは，「どんなに熟練した書き手でも，最初に書いた文章がパーフェクトということは滅多にない」「読み

手の視点に立って読み返すと,わかりにくい,あるいは誤解を招く不十分な記述が見つかるはずだ」といったライティングに関するメタ認知的知識を豊富にもっているからである。これまでの研究からも,熟達した書き手は,推敲を重視し推敲に多くの時間と労力を使って成果を上げるが,子どもや,あるいは大人であっても未熟な書き手は必ずしもそうではないことが報告されている（Fitzgerald & Markman, 1987）。

推敲作業においては,文章の組立までをも見直すことが少なくないのだが,その場合,図6-2のようなメタ認知的活動が行われる。このように,推敲段階では誤りの修正だけではなく,読み手にとって理解しやすい文章へと改善していく過程が重要である（Cho & MacArthur, 2011）。

書き手がただ思いつくままに綴った文章は,読みづらいことが多

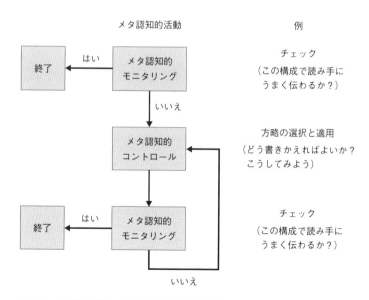

図6-2 文章の組立てをわかりやすく改善するためのメタ認知的活動
(Sannomiya & Ohtani, 2015 より)

い。たとえば，主題が不明確であったり，文章が順序よく組み立てられていなかったり，文と文とのつながりが悪かったり，冗長であったりする。これらは主に，読み手の視点を取ることが不十分であるために起こる。

　書くにせよ話すにせよ，コミュニケーションのためには，相手の視点を取ること，すなわち視点取得が欠かせない。たとえば，「私の書いたものを読み手はどのように解釈するか」という読み手の視点を取ることが重要である（Traxler & Gernsbacher, 1993）。視点取得能力は一般に，認知発達とともに高まるが，大人であっても常に十分に他者視点が取れるとは限らない（Duffy, Currant, & Sass, 1983）。読み手の視点に立ち，言い換えれば**読み手意識**（audience awareness）をもち，「この書き方で読み手にうまく伝わるだろうか」と自問することは，ライティングにおけるメタ認知的モニタリングである。そして「うまく伝わらない」と判断したならば，「書き方をどう変えればよいか」と考え「このようにしてみよう」と方針を立てることはメタ認知的コントロールである。

　メタ認知的活動は，執筆中に一部オンラインで（リアルタイムで）行うこともあるが，書きながらでは，書くことそのものに認知資源が取られるため，十分には行い得ない。一通り書き終えてからオフラインで（事後的に）行う場合には，この活動に専念できるため，より効果的に行うことができる。とりわけ，読み手の視点からもう一度全体を見直し文章構成を吟味するという文章全体についてのメタ認知的活動は，すべて書き終えた後にはじめて可能になる。

　メタ認知は，何も特別なものではない。メタ認知という言葉を知らなくとも，何かを慎重に伝えなければならない時やコミュニケーションに行き詰まった時などに，私たちはメタ認知を働かせているのである。本書で誤解の言語学的背景や心理学的背景，そして文化

論的背景として紹介した内容は，いずれも誤解という現象を通してコミュニケーションを客観的にとらえた，まさにコミュニケーションについてのメタ認知的知識である。

　私たちは，人とよい関係を築いたり，的確に情報を伝えたりするために，自分のコミュニケーションの取り方を改善しようとする。たとえば，感じのよい話し方をする人がいれば，その人の話し方を観察して参考にしたり，説明のうまい人の話の展開を真似てみたりする。こうした観察や分析，そして自身の体験のふり返りによって，よりよいコミュニケーションとはどのようなものかという知識，言い換えればコミュニケーションについてのメタ認知的知識を獲得し，蓄えていくのである。

　ところが，獲得したメタ認知的知識が適切ではない場合がある（三宮，2016）。たとえば，「何かを人に説明する場合には，最初からできるだけ詳しく具体的に説明するとよい」といったメタ認知的知識を獲得してしまうと，細部にこだわりすぎて，なかなか先に進まず，聞き手を苛立たせてしまうかもしれない。あるいはまた，話が細かくなりすぎて大枠がつかみにくくなり，聞き手が話の要点を誤解してしまうこともあるだろう。3章に登場した山田一郎さんも，そうした素朴なメタ認知的知識をもっていたために，ハワイ旅行の説明会で細かい具体的な説明を盛り込み過ぎたものと思われる。状況にもよるが一般的に言えば，複雑な話をする場合には，まず大枠を話し，これを聞き手が理解したことを確かめた上で，細部の説明に移行することが効果的だ。

　不適切なメタ認知的知識にとらわれてしまうと，自分ではメタ認知を働かせて判断し，行動しているつもりでも，コミュニケーション行動が適切ではなくなる。こうなると，努力も空回りしてしまう。自分の言ったことをよく人から誤解されるなど，コミュニケーションで壁にぶつかった時には，率直にものを言ってくれる他者の意見

を聞くなどして，自分のもっているメタ認知的知識を見直してみることも必要だろう。

また，高いメタ認知能力を備えていたとしても，時と場合によっては，これが発揮されないことがある。それは，おもにメンタルリソースつまり心的資源（認知資源）の減少が生じた場合である。たとえば，睡眠不足や体調不良といった原因から，あるいは，他の考え事や心配事によって，さらには多忙さから，利用可能なリソースが減ってしまっている場合である。リソースが減ると，認知活動だけで手一杯になり，メタ認知にまでリソースが配分される余裕がなくなる（三宮，2014）。こうした場合，人に何かを伝えたり他者の言葉を解釈する際にメタ認知的活動が不十分となり，誤解が生じやすい。

なお，あるメタ認知的知識やメタ認知的活動が適切か否かを考えることは，メタ認知をもう一段上からとらえることになるため，メタメタ認知と呼ぶ。

コラム 12　メタ認知を働かせすぎると…

人と人とのコミュニケーションにおいては，メタ認知を働かせることが大切だという話をすると，よく出される質問があります。それは，「メタ認知を働かせることのメリットとともに，ディメリットもあるのではないか」というものです。以前，「対人コミュニケーションに活かすメタ認知」というテーマで講演を行った時のことです。ある方が手を挙げて，次のような質問をされました。

「私の受け持っている学生の中に，一生懸命にメタ認知を働かせながら話をしようとしているように見える学生がいます。

> 彼女は，自分の一言一言に注意を払うため，話の途中で考え込んだりして，沈黙状態になってしまうのです。そのため，面接では，面接者の質問に流暢に答えることができず，とても不利になってしまいます。これは，メタ認知を働かせ過ぎることのディメリットでしょうか？」
>
> 　だいたい，このような質問内容だったと思います。私は，次のように答えました。
>
> 　「確かに，その学生さんは，メタ認知を働かせ過ぎたことで沈黙してしまい，面接で不利になった可能性があります。ただ，会話の中でメタ認知をどの程度働かせることが望ましいかは，その場の状況に応じて変わってきます。メタ認知のためには，立ち止まって考えることが必要ですが，そうした思考のために話を途切れさせてもよいかどうかを判断する必要があります。時間に余裕のない面接などの状況では，会話と同時進行で行うオンラインのメタ認知に没入し過ぎないことも大切です。そのためには，ある状況でメタ認知をどれくらい働かせるべきかという判断が必要になります。」
>
> 　メタ認知をどれくらい働かせるべきか。これは，メタ認知よりもう一段上位の判断になり，メタメタ認知と呼ぶべきものです。

3. コミュニケーションにおけるメタ認知と関連する概念

　これまで述べてきたように，コミュニケーションをよりよいものにするためには，自分自身の理解・解釈や感じ方を客観的にとらえるとともに，他者の理解・解釈や感じ方を推測することが欠かせない。それがすなわち，コミュニケーションにおいてメタ認知を働かせるということである。

ところで，コミュニケーションにおけるメタ認知と関連する概念には，次のようなものがある。

(1) 視点取得
(2) 心の理論
(3) 共感
(4) メンタライジング
(5) マインド・リーディング

これらは，互いに関連の深い概念であり，どう違うのかが，ややわかりにくい。そこで以下に，それぞれの概念について見ていくことにする。

(1) 視点取得

視点取得は，他者の視点を取ることを意味し，これまでにも本書の中で触れてきた。必要に応じて他者の視点を取ることは，コミュニケーションには欠かせない。視点取得は，すでに3章で述べたように，ピアジェらの3つ山問題で問われたものであるが，子安（1999, 2011）は，厳密には，この問題には弱点があると指摘する[1]。さらに子安は，自分の視点と他者の視点の区別という問題を一歩先に進めたのは，後述する「心の理論」研究であるとする。

渡部（2006）は，3つ山問題は空間的視点取得に特化した問題であり，どこから見るかによって，見える風景が変化するという現実を模倣することを意味するが，一方，社会的視点取得は，相手の身になることを指し，意識や感情を相手と一体化すること，相手がどのように考え感じるかを推測することを意味するという。空間的視点取得は，自分が今いる場所を離れて他者の見えを想像することであり，社会的視点取得は，自分の考えをひとまず棚に上げて他者の

考えを推測することであるため，両方の視点取得は，自らの身体的束縛や意識的束縛から解き放たれることが必要になる（渡部，2006）。

他者の視点を取るためには，一度自己視点を離れる必要がある。真下・三宮（Mashimo & Sannomiya, 2016）は，架空の友人Aの少々問題のある行動を読んだ上で，「Aさんはどのような思いを持っていると思いますか？」との問いに答える他者視点群の方が，「Aさんの言動をあなたはどう評価しますか？（よい，悪いなど）」に答える自己視点群よりも，Aさんの視点を取った上でアドバイスができるようになることを報告している。このように，自己視点を離れて他者視点を取ることは，自他の考え方をメタ認知することに他ならない。

3つ山問題に象徴されるピアジェ理論は，青年期までに認知発達が完了し，青年期以降は十分な認知能力を発揮するとの前提に立つが，実際には，大人の視点取得が常に十分とは限らない。それは，そもそも十分な認知発達の段階に達していないか，あるいは先にも述べたように，何らかの事情により使用可能なメンタルリソースが減少していることなどが原因である。

(2) 心の理論（theory of mind: TOM）

心の理論は，動物行動学者のプレマックとウッドラフ（Premack & Woodruff, 1978）によって命名された概念である。彼らはチンパンジーの行動を観察し，あたかも人間のように仲間の心を読んでいるかのようなチンパンジーの行動を見出し，他者が何かの行動を起こす時には，その背景に気持ちや考えなどの心の状態があるという理解・知識を心の理論と呼んだ。たとえば，「他のチンパンジーが長い棒を手に取ろうとしていれば，それは檻の外のバナナを棒でたぐり寄せたいと考えているからだ」という理解や知識である。

心の理論という概念はその後，人間の子どもの認知発達研究にお

いて，重要なトピックになった。子どもの認知発達の過程で，心の理論が形成される時期を調べるために，発達心理学者たちは，**誤信念課題**（false belief task）と名づけた課題を用いた。誤信念課題とは一般に，ある人物が事実とは異なることを誤って信じているということが理解できるかを問う課題である。

　誤信念課題には，ウィマーとパーナー（Wimmer & Parner, 1983）による「**マクシ問題**」，フリス（Frith, U., 1989）による「**サリーとアン問題**」，ゴプニクとアスティントン（Gopnik & Astington, 1988）による「**スマーティー問題**」などがある。マクシ問題およびサリーとアン問題が，チョコレートやビー玉の場所を変えられたことを知らない登場人物の立場に立てるかを問うのに対し，スマーティー問題は，スマーティーというチョコレート菓子の箱の中身がエンピツにすり替えられたことを知らない人の立場に立てるかを問うものである。

　最もよく知られているのは，次の「サリーとアン問題」である（図6-3）。[2]

　この問題に正答する（「サリーは初めにバスケットの中を探す」と答える）ためには，自分の視点とサリーの視点を区別し，自分ではなくサリーの視点に立って考える必要がある。そして，自分は本当のこと，すなわちビー玉がアンの箱の中にあることを知っているがサリーは知らないということを理解していなければならない。こうした誤信念課題に，3～4歳児ではほとんど正しく答えられないが，4歳から7歳にかけて正答率が上昇することがわかっている。心の理論は，他者の心を自分の心と区別し，他者はどう思っているかを理解するための知識という点で，メタ認知的知識と見なし得る。

　コールとトマセロ（Call & Tomasello, 2008）は，チンパンジーのもつ心の理論があくまでも基本的（知覚的）なレベルに過ぎないと見なした。チンパンジーは他者の考えが正しいか否かまでを理解で

図 6-3　サリーとアン問題 (Frith, U., 1989 を参考に作成)

きるわけではないと述べ，誤信念課題には答えることができないと結論づけた。ところが後に，この点について新たな知見が出された。クラペニーら（Krupenye, Kano, Hirata, Call, & Tomasello, 2016）は，実はチンパンジーなどの類人猿にも，誤信念課題を理解できることが視線の動きの測定から示唆されたことを報告している。

(3) 共感 (empathy)

日常用語として用いられることも多い**共感**という言葉は，1909年にイギリスからアメリカに渡った心理学者のティチェナー（E. Tichener）が，ドイツ語の感情移入（Einfuehlung）という意味に対応させたことが始まりだとされる（梅田, 2014）。現在，共感は一般に，他者の心の状態を理解したり共有したりすることを意味する。コミュニケーションにおいて，相手の心がわかるということは重要である。この共感には，2種類があると考えられる。1つは，自分も他者と同じ気持ちになること，すなわち他者の気持ちを共有することである。これを**感情的共感**（emotional empathy）と呼ぶ。感情的共感は，比較的早い発達段階から生じる。たとえば，泣いている幼児を見て，他の幼児も悲しくなり，もらい泣きをする場合がある。喜んでいる人の笑顔を見て，こちらも嬉しくなるという感情的共感は，子どもから大人までが経験することである。相手の気持ちを直接的に感じて共有するという現象と言えるだろう。感情的共感は身体反応を伴うことも多く，もらい泣きやつられ笑い（笑いの伝染）などは，その基本形態である。この種の共感は，心の理論やメタ認知が獲得されていなくとも生じる。

これに対して，気持ちを共有することはないけれども，他者の気持ちを理解できるということも共感と見なされる。こちらは，**認知的共感**（cognitive empathy）と呼ぶ。自分とは立場・状況が異なる相手について，さまざまな状況手がかりから，「相手はこんな気持ち

だろう」「相手はこんなふうに思っているのだろう」と推測する認知的共感は，心の理論やメタ認知に深く関連している。

(4) メンタライジング

メンタライジングは，フリス夫妻（Frith, C. D., & Frith, U., 1999）が中心になって提唱した概念である。彼らは，他者の行動を心的状態つまり心の状態と関連づけて理解し，行動予測や行動操作に用いることをメンタライジングと呼んだ。つまり，「この人はこのように思っているから，こんな行動を起こしたのだ」「あの人はこのような願望をもっているから，あんな行動を起こしたのだ」といった具合である。また，フリス（Frith, C. D., 2012）は，他者の行動であれ自分の行動であれ，ある特定の信念や願望をもっていることが招いた結果として，ある行動を理解し，納得のいく説明をすることとして，メンタライジングを意味づけている。

フリス（Frith, U., 2001）らは，さらに，メンタライジングの障害をいわゆる**自閉症**[3]における中核的な問題と見なした。つまり，いわゆる自閉症においては，メンタライジングがうまく行えないということが大きな問題だととらえたのである。たとえば，レスリーとタイス（Leslie & Thaiss, 1992）は，先に述べた誤信念課題に対して，平均4歳の定型発達児20名の通過率が65%であったのに対し，同じ精神年齢（暦年齢は平均12歳）の自閉症児15名の通過率は23%に過ぎなかったと報告している。つまり，心の理論を用いてメンタライジングを行うことが，自閉症児にとっては難しいのである。

その後，精神分析家のアレンら（Allen, Fonagy, & Bateman, 2008）は，心理療法の治療にメンタライジングを用いている。臨床家は本来，心理療法においてクライアントをメンタライズするものであり，また，クライアント自身がメンタライズする力を獲得するように支援するものである（Allen et al., 2008）。アレンらは，メン

タライジングを行う際には，心の理論を概念枠として用いるという。それは，心の理論が行動を精神状態と関連づけて説明するための概念的な枠組であるからである。彼らは，また，メンタライジングが心の理論を精緻化し洗練するともいう。

そもそもクライアントが対人関係をはじめとする社会生活に問題を抱える大きな原因は，他者や自分自身に対するメンタライジングが十分にできていないことにある。アレンらによれば，「誤解を理解すること」もメンタライジングである。

このように，心理臨床の領域においても，メンタライジングという概念は広がりつつある。上地（2015）は，ある人の行動を理解するためには，その人が現実をどのようにとらえているかを知る必要があり，これは自分自身の行動についても当てはまるとする。そして，同じ現実（事態）に対して複数の見方を考慮できることがメンタライジングの要件であるという。他者の心をメンタライズする心的行為は共感と重なり，メンタライジングにおいて内省するプロセスはメタ認知と見なすことができると述べている。

(5) マインド・リーディング

子安（2011）によれば，**マインド・リーディング**という言葉は，すでに19世紀に用いられていたようだが，最近では，心の理論を用いて他者の心を推測することとして，アパリー（Apperly, 2011）が用いている。そもそもバロン＝コーエン（Baron-Cohen, 1995）が，高機能自閉症者が心の理論を十分に獲得できないことを**マインド・ブラインドネス**と呼び，後に，心の理論を用いて他者の心を推測することをマインド・リーディングと呼んだことで知られるようになった言葉である。マインド・リーディングは，超能力の一種であるテレパシーなどではなく，相手の心的状態を推し測るという意味で用いられる。したがって，マインド・リーディングは，他者に対する

メンタライジングとほぼ同じ意味と考えてよい。

　こうした諸概念の比較により，心の理論は，「理論」という表現が示すように心を理解する知識の枠組であって，活動ではないことがわかる。これに対して他の4つは，心を理解する活動を意味する。

　また，視点取得，共感，およびマインド・リーディングは，他者の内面を理解することであり，一方，メンタライジングは，自己の内面および他者の内面の両方を理解することであるとわかる。その意味において，メンタライジングは，メタ認知的活動に近い概念である。ただし，上地（2015）が指摘するように，メンタライジングが他者と自己の精神状態を推測・解釈するという心的過程であるのに対し，メタ認知は，精神状態に限らず，認知活動全般（見る，聞く，話す，書く，記憶する，考える，コミュニケートする，など）および認知に関連する心的活動を広く対象とするものである。

　本書では，コミュニケーションについてのメタ認知を取り上げており，メタ認知全般を扱っているわけではない。コミュニケーションについてのメタ認知のうち，活動成分である「コミュニケーションについてのメタ認知的モニタリングおよびメタ認知的コントロール」は，メンタライジングとほぼ同じと考えてよいだろう。

　このように，コミュニケーションにおけるメタ認知と関連する概念が幾つかあるが，それらの起源はさまざまである。見方を変えれば，他者と協力し合って生きていくためには，自分のものの見方に縛られずに他者の心を推し測り，うまく折り合いをつけていくことが必要との認識が，複数の異なる研究の根底にあったと考えることができる。

　進化論的に見ても，他者との協同・共存のためには，メタ認知を働かせたコミュニケーションが欠かせない。チンパンジーなど，知能の高い類人猿と人との違いは，他者との精緻なコミュニケーショ

ンが可能かどうかに帰属させることができるだろう。人間は，メタ認知に基づく高度なコミュニケーションによって他者との効果的な連携を実現し，文明社会を築いてきた。人間のこうした高度なコミュニケーションが，どのような脳の仕組みによって支えられているのかを次節で見ていくことにしたい。

4. コミュニケーションとメタ認知を司る脳領域

　昨今，ある認知活動が脳のどの領域で行われているのかという，認知と脳の対応関係に関心が集っている。コミュニケーションを司る脳の領域はどこなのか。そして，メタ認知を司る脳領域はどこにあるのか。まずは，図6-4に，左外側面から見た，おもな脳領域を示す。私たちの脳は，前頭葉，側頭葉，頭頂葉，後頭葉の4つの領域に大きく分けることができる。

　他者とコミュニケーションをとるためには一般に，音声の聞き取り，発話理解，発話産出が必要であるが，音声の聞き取りは，側頭葉の聴覚野，発話理解や発話産出に関連する脳の領域としては**ウェルニッケの言語野**および**ブローカの言語野**と呼ばれる領域が特定されている。これらの領域に損傷を受けた人々に見られる**失語症**の特徴から，解明が進んだのである。

　なお，ウェルニッケ（C. Wernicke）とブローカ（P. Broca）は，いずれも19世紀の神経科学者であった。その後，同じく神経科学者であるブロードマン（K. Brodmann）は，20世紀初頭にヒトの脳を52の異なる領域に分け，現在**ブロードマンの脳地図**と呼ばれている区分を作った。ブローマンの脳地図で言えば，先ほどの聴覚野は41野と42野に当たり，**ウェルニッケの言語野**は22野，**ブローカの言語野**は，44野と45野に当たる（図6-5）。

　ウェルニッケの言語野が損傷されると，主に，相手の言っている

ことが理解できなくなる（**感覚性失語**）。一方，ブローカの言語野が損傷されると，言われたことは理解できても発話が困難になり，流暢に話せなくなる（**運動性失語**）。重症の場合には，発話そのものができなくなる。

相手の言うことを理解する，自分の言いたいことを滑らかに発話するといった基本的なコミュニケーション要素に加えて，さらに高次の要素がある。それは，コミュニケーションにおいてメタ認知を働かせるということであり，言わば，コミュニケーションの調整とも言うべき要素である。

このメタ認知を担う脳領域は，おもに前頭葉にあると考えられている。そもそも前頭葉は，目標をもった運動や行為の実現とそのプランを立てる場所として知られてきた。しかし一方では，**辺縁系**（limbic system）などの情動システムと密に相互作用し，感情や動機づけとも関わっていることから，前頭葉は脳全体に分散した「知情意」の情報を統合したり，あるいは抑制したりする機能をもつと

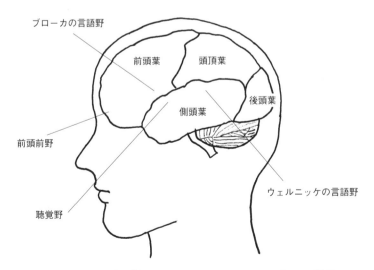

図6-4　脳の4領域とコミュニケーションにかかわる言語野

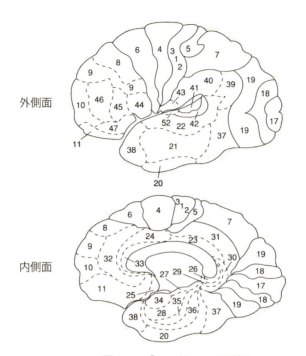

図6-5　ブロードマンの脳地図

される（苧阪，2007）。さらに苧阪（2007）は，前頭葉が側頭葉や頭頂葉と協働して他者の心を推測し，また自らの心をメタ認知する「社会脳」（後述）にも関わっていると言う。

　前頭葉の中に，**前頭連合野**（**前頭前野** prefrontal cortex）と呼ばれる場所がある。これは，ちょうど，額の内側に当たる。何かを伝えたいという意思をもち，それを適切に伝えるにはどうすればよいかを考えたり，また，言ってよいことと悪いことを判断したりするのは，この前頭前野の働きによる。相手の発話の真意を推測することも，この部位が担っている。

　渡邊（2005）によれば，前頭前野の大脳に占める割合は，系統発生的に進化したほ乳類ほど大きくなっており，ネコで3.5％，イヌで

7%，サルで11.5%，チンパンジーで17%であるのに対し，ヒトでは29%もの割合を占めている。また，個体発生的にも，前頭前野は成熟が最も遅い脳部位の1つであり，20年以上をかけて成熟するという。前頭前野は認知・実行機能（認知の制御機能）と情動・動機づけ機能の両方に関わっており，前者には**前頭前野外側部**（lateral prefrontal cortex）が，後者には**前頭前野内側部**（medial prefrontal cortex: MPFC），**前頭前野眼窩部**（orbital prefrontal cortex）が，より大きく関わっている（渡邊，2008）（図6-6参照）。

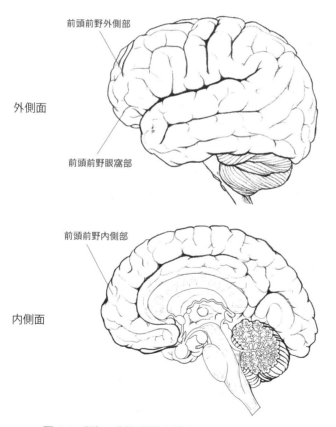

図6-6　認知の制御機能と情動・動機づけ機能を司る脳部位

心の働きと脳領域との，こうした細部にわたる関連が明らかにされた背景には，脳研究法の技術革新がある。20世紀の終盤に，**機能的磁気共鳴画像法**（functional magnetic resonance imaging: fMRI）などの非侵襲的，つまりメスを入れるなどして生体を傷つけることがない**脳画像法**（**神経画像法　neuroimaging**）が導入されたことにより，ある認知活動に従事している時に脳のどの部位が働いているかを調べやすくなった。この技術的な革新が，脳研究の飛躍的な前進を後押ししたのである。

前頭前野に損傷を受けると，計画や判断・意思決定など，高次の認知機能がダメージを受け，コミュニケーションにも支障をきたす。他者の視点に立つ，他者に配慮する，言葉を選ぶといったメタ認知が困難になるため，他者とのコミュニケーションがうまくいかなくなる。誤解を引き起こす発言をするのはもちろんのこと，そもそもコミュニケーションが成立しにくくなる。たとえブローカやウェルニッケの言語野に問題がなくとも，前頭前野の働きが損なわれてしまうと，他者とのコミュニケーションに深刻な影響が及ぶ。

たとえば，脳のこの部位の損傷や機能不全により，次のような発言が失言か否かを判断することも困難になる。

「ジャネットはアンの結婚祝いにクリスタルの食器を贈った。アンはたくさんのプレゼントをもらったので，どれを誰からもらったのかを十分把握していなかった。1年後，アンの家でジャネットは自分が贈った食器をうっかり壊してしまい，謝った。アンは，それがジャネットからのプレゼントであることに気づかず，『たいして気に入っていないものだったから気にしないで』と慰めた」というエピソードにおいて，アンの発言のどこに問題があるか？

これは，ストーンら（Stone, Baron-Cohen, & Knight, 1998）による**失言認識課題**（recognition of faux pas task）と呼ばれるものである。ある発言が失言であることを判断できなければ，悪意がなくとも相手に不適切な言葉を投げかけてしまい，失礼な人，嫌な人だと誤解される恐れがある。

　不適切な言動を抑制する反応抑制のためには，メタ認知を働かせる必要があり，前頭前野の機能がこれを支える。自動的に生じかけた反応を意識的に抑制することを求める課題として，よく知られているものに**ストループ課題**（Stroop task）がある。アメリカの心理学者ストループ（Stroop, 1935）によって開発された，この課題は，色名を書いた文字を読み上げるのではなく，文字の色名を言うこと，すなわち色名呼称を要求する。たとえば，「赤」という文字が緑色で書かれている場合には，うっかり「赤」と言いそうになるのを抑えて，「緑」と言わなければならない。複数の文字と色の組み合わせからなるリストを順に呈示されて，この色名呼称を素早く行うことは，なかなか難しい。課題遂行のためには，文字を読むという，ほぼ自動化された活動を抑える必要がある。前頭葉に損傷を受けると抑制に困難を来たし，色名呼称にかかる時間およびエラーが増加する。

　メタ認知が未発達な幼児のうちは，コミュニケーションにおける抑制も働かないため，大人であれば自制することも平気で言ってしまう。たとえば，遠方に住む親戚のおばさんがわざわざ買ってきてくれたお土産を見て，「僕，これ嫌い」と口に出して親を慌てさせたりする。しかし，メタ認知が発達するにつれて，相手の気持ちを考え，また，場をわきまえるようになり，自分の思いをそのまま言葉や態度に表すことはしなくなる。こうした抑制が，他者とのコミュニケーションを，ひいては人間関係を維持・発展させるためには必要である。いわゆる**社会的知能**（social intelligence）は，コミュニケーションを中心とした社会生活においてメタ認知を働かせること

によって発揮される。

コラム13　急に人間関係がうまくいかなくなった青年の謎

　アメリカのバーモント州で1848年に起きた事故が、前途有望なひとりの青年の脳を損傷し、彼の人格を劇的に変えてしまったという話があります。鉄道工事中の事故により、フィネアス・ゲージという青年の脳を長さ約1m、直径約3cmの鉄の棒が貫通しました。彼は、前頭前野を中心に損傷を受けたのです。ゲージは当時25歳で、工事現場の監督を任されるほどしっかりした青年でした。事故で意識を失うこともなく、医師の質問にも適切に答えました。めざましい回復力のお陰で、その後2ヶ月を経て、彼はすっかり元気になったように見えたのですが、間もなく、仕事仲間から「何か変だ」という声が上がり始めました。ゲージの様子が、以前とはまるで変わってしまったのです。もちろん見た目には変化がなく、もとのゲージそのままでした。知的作業の遂行レベルは特に変わりがなかったのですが、人格がひどく変容していたのです。以前とは違って、気まぐれで下品で頑固で優柔不断な人間になっていました。言ってはいけないことを言い、してはいけないことをするなど、すっかり抑制が効かなくなってしまっていました。つまり、メタ認知が機能しなくなっていたのです。あれほど信頼され人望も

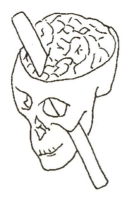

図6-7　ゲージの脳を貫通した鉄の棒

あったゲージでしたが，職場の人間関係もすっかり壊れ，仕事を失い，各地を転々としたあげく，40歳を迎えることなく生涯を閉じたと伝えられています。

当時は，いったいゲージの身に何が起こったのか謎でした。その謎が解けるためには，脳科学の進歩，とりわけゲージが損傷を受けた前頭前野の機能の解明を待たねばならなかったのです。

ただ，一説によると，ゲージの「人格の変貌」は，生涯続いたわけではなく，事故後の限られた期間のみであったということです。ゲージの症状や生活については，当時のメディアによって幾分，誇張や脚色が施されているようです（Macmillan, 2000）。

5. 社会脳

これまで見てきたように，他者とのコミュニケーションは社会生活の基盤であり，周囲の人々との人間関係を左右する。コミュニケーションをはじめとして，人との関わりを支える脳の機能への関心が急激に高まったのは，20世紀最後の10年間であった。それはすなわち，**社会脳**（social brain）研究の幕開けである。

社会脳という言葉は，イギリスの生理学者であるブラザーズ（Brothers, 1990）が，『社会脳』と題する論文の中で用いたものである。彼女は，サルの脳研究の知見から，**扁桃体**（amygdala）や，前頭葉眼窩部，および側頭皮質が，他のサルの感情を表情から読み取ったり，相貌を認知したり意思決定をするなど，社会の中で他者と協調していくための社会的認知を司っているとした（Brothers, 1990）。

そもそも，以前からイギリスでは，心理学者のハンフリー

(Humphrey, 1976) が『知性の社会的機能』というタイトルの論文の中で，大型霊長類の知能が，自分の属する社会に適応するために進化してきたと論じている。これを実証的に裏づけたのが，イギリスの進化人類学者のダンバーであった。ダンバー (Dunbar, 1998) は，脳全体に占める大脳新皮質の割合が，属する集団の規模が大きいほど大きくなることを見出した。この事実から，霊長類の大脳新皮質は，まさにハンフリーが言った通り，集団の中で適応的に生活するために進化したと考えられる。彼は，この考えを社会脳仮説と呼んだ。社会脳は，従来，学校教育で重視されてきた論理的思考などとは異なる思考，たとえば他者の心を読み，それによって他者と協力したり，また一方では他者を出し抜くといった，まさに社会で生き残るための社会適応的な思考を司る。

さて，ブラザーズによる社会脳の命名から2年後，ディ・ペレグリーノら (Di Pellegrino, Fadiga, Fogassi, Gallese, & Rizzolatti, 1992) によって**ミラーニューロン**（鏡のような神経細胞）と呼ばれるニューロンが報告された。このニューロンは前頭葉にあり，たとえば他のサルが手を伸ばしてエサをつかむところを見ると，見ているだけのサルも，脳の同じ部位が活性化する。そのため，ものまね細胞とも呼ばれる。これにほぼ該当する脳領域が人間においても見つかり，ミラーシステムと呼ばれている。ミラーシステムは，他者の動作の意図理解に関わるとされる。

他者の動作を見て，自分が同様の動作をする時と同じ脳領域の一部が活動するという鏡のような性質は，手を伸ばすといった動作に限らず，他者の心的状態を共有したり理解したりする能力の神経基盤の1つではないかと考えられている。人間の**ミラーシステム**は，サルよりも進化している可能性が高い。

たとえば，手を伸ばしてティーカップを持つという動作も，クッキーがきれいにお皿に盛られていたりティーポットやその他のもの

図 6-8　ミラーシステムが参照する背景情報（Iacoboni & Depretto, 2006 より）

が整然と置かれていたりする背景の中では，カップを持つ動作は「紅茶を飲むため」とわかる。一方，クッキーが減り，そのかけらがテーブルにこぼれて，ティーカップのフタがはずれているという背景の中では，カップを持つ動作は，ティータイムが終わって「カップを片付けるため」と理解できる（図6-8）。こうした背景情報に応じて，ミラーシステムの部位の活動量が変化することがわかった（Iacoboni & Depretto, 2006）。つまり，人間のミラーシステムは，他者の動作を意味のある行為としてとらえ，その背景にある意図を読み取っていると考えられる。こうした脳の働きが，他者への共感を支えている。ミラーシステムは，脳の**運動前野腹側部**（ventral premotor cortex），**頭頂連合野**（parietal association cortex），**上側頭溝**（superior temporal sulcus）を中心とするネットワークととらえられている（福島，2011）。

　このミラーシステムによって，私たちはある程度，他者の意図を理解することができる。しかし，ミラーシステムによる他者理解は，おもに動作の意図が対象となる。たとえば，他者が悲しい出来事に遭遇して涙を浮かべるのを見ると，私たちも無意識のうちに表情を曇らせる。それによって他者の悲しみを追体験する。相手がハンカチを手に取ると，涙を拭こうとしていることが理解できる。しかし

ながら，私たち人間のコミュニケーションにおいては，動作を伴わない言語的なコミュニケーションが大きな割合を占める。この言語的なコミュニケーションにおける他者の意図を理解するのは，脳のどのような働きによるものだろうか。実は，そうした，より抽象的な理解は，**メンタライジングシステム**と呼ばれる領域が担う。先に

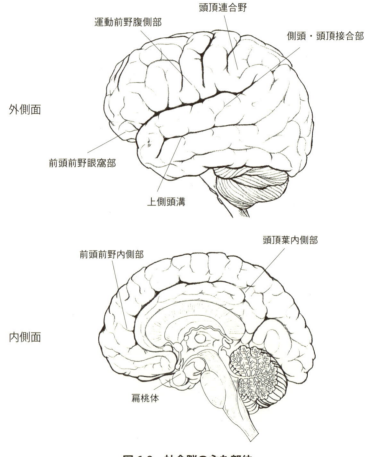

図 6-9　社会脳の主な部位

も述べたように,メンタライジングは他者や自分自身の行動を,その原因となる**心的状態**(mental state)の結果として理解することを意味するが,この働きを支えている脳の部位をメンタライジングシステムと呼び,前頭前野内側部(medial prefrontal cortex: MPFC),**側頭・頭頂接合部**(temporo-parietal junction: TPJ),および**頭頂葉内側部**(medial parietal lobe)を中心とするネットワークととらえられている(福島,2011)。社会脳の主な部位を図6-9に示す。

先に述べたミラーシステムによる,ほぼ自動的な感情的共感とは別に,自分の経験が自動的に呼び起こされるのではない状況,すなわち自分の体験との重ね合わせによっては理解できない状況において,知識に基づいて他者の気持ちや考えを推測するという,より高度な認知的共感は,このメンタライジングシステムにより可能となる。

メンタライジングを行う際に活動する脳領域を調べるために,ギャラガーら(Gallagher, Happe, Brunswick, Fletcher, Frith, & Frith, 2000)は次のような課題を用いている。

店に盗みに入ったばかりの泥棒が逃走している。家に向かって逃走中,巡回中の警官が,彼が手袋を落すのを見る。警官はその男が泥棒とは知らず,ただ手袋を落したことを伝えたい。しかし,警官がその泥棒に向かって「おい! 君! 止まりなさい!」と叫ぶと,その泥棒は振り返り,警官を見て観念する。彼は両手を挙げ,この町の店で盗みを働いたことを白状する。

なぜ泥棒は,このような行動をとったのか?

この課題に答えるためには,泥棒の視点から考え,彼が警官の発話意図を誤解したことを理解するというメタ認知が必要である。つ

まり,「自分が盗みを働いたことを警官が知っており, その件で自分を呼び止めた」と誤解したのだとわかる必要がある。

こうした理解を支える思考は, 分析的・論理的な思考とは異なる。リーバーマン (Lieberman, 2013) は, チェスをしたり微分積分の問題を解いたりする際の思考を**非社会的思考**と呼び, 周囲の出来事や他者の心を理解する際の思考を**社会的思考**と呼んで区別した。これまで世間では, 論理力・分析力に支えられた非社会的思考に優れた人を「頭のいい人」と見なしてきたが, こうした人々が必ずしも, 社会脳が司る社会的思考にも優れているわけではない。実は, 2種類の思考はシーソーのように働き, 一方を司る脳領域 (脳のネットワーク) がオンになっている時には他方はオフであるという。論理・分析的思考が休んでいる間には, まさにデフォルトモードとして, 社会的思考が働いているとする。

苧阪 (満) (2013) は, **デフォルトモードネットワーク**が社会脳の領域と大きく重なっており, 他者理解, 自己理解, 情動認知や社会認知といった認知活動を支えているという。

また, 苧阪 (2010) は, 前頭葉の右半球の障害によって, 話のオチのおもしろさがわからなくなるというシャミとスタス (Shammi & Stuss, 1999) の研究で用いられた課題を次のように紹介している。

日曜の昼, 隣人が何かを借りにスミスさんを訪ねてきた。
隣人「ねえ, スミスさん, 午後から芝刈り機を使うかい?」
スミス「ああ, 使うよ」(用心して答える)
この話のオチとして, この後の隣人の言葉に次のどれを選ぶか。
① 「そうかい, それならゴルフクラブは使わないってことだな。クラブを借りるよ」
② 「ああそう。それじゃ終わったらオレに貸してくれるか

な？」
　③「おっと，危ない」(隣人が踏んづけた熊手が彼の顔を直撃
　　しそうになった)
　④「いつも鳥の奴がうちの植物の種を食べてしまうもんでね」

　一般には，おもしろいオチ①を選ぶのだが，前頭葉右半球に障害がある場合には，③の，意外性はあるが単なるドタバタのオチを選ぶことが多いという。ちなみに，②は，理屈は通るが意外性のないオチ，そして④は，意味不明なオチとなる。ユーモア理解には，左右の前頭葉がバランスよく働いていることも必要なのである（苧阪，2010)。

　話のおもしろさがわかるということは，登場人物の心がわかるということである。おもしろい話を聞いて笑えるということは，他者の心を理解しているからに他ならない。

　苧阪は「笑い」という現象からも，社会脳に迫ろうとする。そして，生存つまり生命維持の脳内基盤を探る生物脳研究から一歩踏み出し，社会的動物である人間の社会的存在を支える社会脳の研究が必要不可欠であることを強調する。

6．メタ認知と脳

　他者とのコミュニケーションという社会的な認知活動の背景には，先に述べた社会脳の働きが想定される。ミラーシステムとメンタライジングシステムが他者の意図や感情を読み取ることに貢献しており，これらのシステムが人と人とのコミュニケーションを，ひいては社会生活を支えていると言える。中でもメンタライジングシステムが，対人コミュニケーションにおけるメタ認知的活動を可能にし

ていると考えられる。

　フリス（Frith, 2012）は、『人間の社会的相互作用におけるメタ認知の役割』という論文の中で、潜在的な（implicit）メタ認知と、顕在的な（explicit）メタ認知とを区別することを提案している。対人場面において、潜在的なメタ認知は、ほぼ無意識的に働くものであり、他者の内的状態を推し測るという通常のメンタライジングである。このメンタライジングを司るのは、おもに先述の前頭前野内側部である。さらに、メンタライジングは誤ることがあり、その場合に、最初のメンタライジングを見直し修正をかけるものが顕在的なメタ認知であるという。脳の**前頭極部**（ブロードマンの脳地図では、10野に当たる）が、認知プロセスに柔軟なコントロールをかけ、メンタライジングの見直しや修正を担うとする。これに関連して、バージェスら（Burgess, Dumontheil, & Gilbert, 2007）は、自分自身の考えについて意図的に集中して考えるといった場合に、特に前頭極部が認知的コントロールの機能を果たすことを示唆している。

　人間以外の霊長類も原初的なメタ認知を行うとしても、人間のメタ認知は柔軟に思考をとらえ直すことができるという点に特徴がある。それは、目の前に人やものが存在しなくても、その対象について頭の中で考えたり考え直したりする**表象**（representation）能力が優れているためである。この能力がメンタライジングに大きく貢献する。

　さまざまな可能性を検討するためには、事実に反する表象を形成することも必要である。実際には存在しないものや起こらなかったことを思い描く力が要求される。相手とのコミュニケーションがうまくいかず、誤解が生じたことに気づいた場合には、さまざまな可能性を検討しなければならないため、こうした表象能力が役立つのである。

　発達心理学者で認知心理学者でもある、先述のトマセロ（M.

Tomasello）は，人間と他の霊長類を分かつ特徴は，人間が**共同の意図性**（collective intention）をもつことだという（Frith, 2012）。フリスは，こうした共同の意図性に基づく他者との協調を「私たちモード（we-mode）」と呼ぶ。そもそも，潜在的なメタ認知が自然に働くことでメンタライジングが可能であるために，私たちモードで他者と協力し合えるのだという。さらに，私たちモードの中でも特に，言葉という道具に助けられて顕在的なメタ認知を働かせることで，自分の考えについて他者と議論することが可能になり，それによって，考えが洗練されるという。

　フリスの考えでは，顕在的なメタ認知により，行為や感覚という私たちの体験を他者と共有することが可能になり，ひいては自分だけで行う意思決定よりも優れた共同意思決定が可能になる。そして，体験の共有はまた，世界に対する私たちの見方を改善し，理解を変えていく。

　脳の進化が私たちに言語使用とメタ認知という能力を与え，それによって，メンタライジングを駆使して他者と高度なコミュニケーションを取ることを可能にした。人と人とのコミュニケーションには，誤解という失敗も起こるが，これを克服することもまた，メタ認知によって可能になるのである。

　解説編の2章〜5章では，言語学，心理学，文化論といったさまざまな背景から誤解についての解説を行い，最後の6章では，コミュニケーションに関するメタ認知および脳機能についての知見を紹介し考察した。次の予防・対策編では，誤解への予防・対策の必要性を論じ，予防策となるメタ認知を促す具体的なトレーニングの方法を紹介する。

注

1) 子安（1999, 2011）は，3つ山問題は他者の視点を取らなくとも正解できるため，厳密には，視点取得を必ずしも必要としないという。つまり，自分が他者のいる場所に行ったと仮定するメンタル・シミュレーションによっても解決できるし，また，3つ山全体を心の中で回転する心的回転（mental rotation）によっても解決できる，とする。
2) サリーとアンはパペット（操り人形）。
3) 自閉症とは，言語の発達の遅れや同じ行動の反復，他者への無関心，対人コミュニケーションの著しい困難などの特徴をもつ障がいである。2013年の診断基準であるDSM-5（Diagnostic and Statistical Manual of Mental Disorders 5）では，自閉症を近縁の障がいとの連続体としてとらえる**自閉スペクトラム症**（autism spectrum disorders: ASD）という概念が用いられている。

III 予防・対策編

予防・対策編では，まず，人間関係の中で生じる誤解が，いかにストレスを生み，悩みの原因になるかを論じる。そうした問題をふまえたうえで，誤解予防の鍵となるメタ認知に着目し，メタ認知を促すコミュニケーション・トレーニングの方法を紹介する。

7章　誤解の予防と対策

　これまで，事例編では誤解事例を紹介し，解説編では複数の観点から誤解が生じる背景を解説してきた。さらに，解説編の6章ではメタ認知および脳機能の側面から誤解をはじめとするコミュニケーションの問題を論じた。これらをふまえ，この7章では，人間関係の中で生じる誤解が招く悩みやストレスを理解したうえで，メタ認知に焦点を当て，誤解予防につながるコミュニケーション・トレーニングの方法を紹介する。

1. 予防・対策を要するコミュニケーションの悩みとストレス

　一般に，青年期には特に，他者とのコミュニケーションがうまくいかないことに悩みを抱えやすい。伊藤（2009）は，1,324名を対象とした不登校の調査から，学校に行かなくなった理由として最も多いものは学校の友人関係（54.3%）であり，その次が教師との関係（19.7%）であるとし，この2つだけで全体の74%を占めることを報告している（表7-1参照）。この調査は小中学生を対象としたものであり，青年期前期もしくはその少し前の年齢段階をも含むが，このように早い時期から，人間関係の問題は子どもたちの心に影を落としていることがわかる。

表7-1 学校に行かなくなった理由 （複数回答）（伊藤，2009より）

学校の友人関係	628人	(54.3%)
教師との関係	228人	(19.7%)
勉強・受験	221人	(19.1%)
家庭の問題	94人	(8.1%)
自分の性格	344人	(29.7%)
その他	161人	(13.9%)

　一方，高井（2008）は，285名の大学生に対して，人間関係の悩みがあるか否かを尋ね，あると答えた182名の自由記述を分析した。その結果，悩みが生じる人間関係の種類としては，友人関係，恋愛関係，家族関係，先輩後輩関係，アルバイト先の人間関係などがあることがわかった。

　具体的な悩みの内容としては，自分の性格，対人スキル不足・コミュニケーションスキル不足が上位2位までを占めた。前者の自分の性格については，たとえば，「人見知りをしてしまう」や「人が自分のことをどう思っているのかが非常に気になり心配」などが含まれる。後者の対人スキル不足・コミュニケーションスキル不足については，「人にどのように接してよいかわからない」「相手との会話で沈黙が続くことが多く，何とか会話を続けたいが話のネタがない」「会話をうまく進めるのが苦手」などが含まれる。

　このように，主として小学校高学年くらいから人間関係の悩みが増え始め，成長とともに複雑化していくものと思われる。人間関係を最も大きく左右するものはコミュニケーションの取り方であり，そのコミュニケーションがうまく取れなければ，関係の悪化を招いてしまう。

　誤解という点から見ると，家族との間では，長年にわたって積み

1. 予防・対策を要するコミュニケーションの悩みとストレス　181

上げてきた人間関係が根底にあり，また，日頃からコミュニケーションの機会も多いため，家族間のやりとりで起こる誤解は比較的解消されやすいのかもしれない。しかし，まだ付き合いの浅い友人や恋人，部活の仲間，アルバイト先の人々との関係の中で，誤解による気持ちのすれ違いに戸惑い，関係の悪化になすすべもなくストレスを募らせることが少なくない。

　コミュニケーションについて尋ねてみると，大学生は，「自分の意見を述べたり説明したりすることがうまくできない」「自分の気持ちを伝えることがうまくできない」といった問題を自ら報告している（三宮，2004c）。こうした問題の背景には，青年期特有の感受性の強さに加えて，そもそもコミュニケーション経験が乏しい可能性がある。若年層ほど一般に，家族や親しい友人以外の他者とのコミュニケーションを経験する機会が少ない。これに加えて最近では，限られた小さな集団の中でのみコミュニケーションをとる傾向が見られることや，立場・考えの異なる他者とのコミュニケーションの機会が減少しているといった事情があるのかもしれない。

　ふだんコミュニケーションを取り合う範囲が，立場を同じくする，気の合う小グループに限定されていれば，その中では互いに少ない言葉で通じ合うことができ，省略の多い発話でも事足りてしまう。その結果，立場やものの見方が異なる他者の視点を取る機会が乏しくなり，そうした人々とのコミュニケーションにおいては，誤解が生じやすくなる。また，そもそも他者とのコミュニケーションの機会が少なければ，コミュニケーションの十分な練習を積むことができない。自分が肝心な言葉を省略してしまっており，そのために誤解を引き起こしているということにも気づきにくい。

　誤解の文化論的背景（5章）でも述べたように，誤解すなわちコミュニケーションの失敗が起こりやすい背景として，そもそも日本の言語文化に基づく要因もある。多くの発話は，その時何を話してい

るかという文脈の中で行われるため，話し手が少々言葉を省略したとしても，聞き手は文脈情報から，その省略された部分を補うことができる。この点は，他の言語文化にも共通しているが，とりわけ日本語においては，言葉が省略されやすい。誤解の言語学的背景（2章）でも見てきたように，日常会話においては，主語や目的語，述語などが省略されても違和感はなく，それどころか，むしろ省略せずにすべてをきちんと言う方が，少し不自然に感じることさえある。たとえば，「あなたは明日，ずっと家にいますか？　それとも出かけますか？」という問いに対して，「私は出かけます」というよりも「出かけます」と答える方が自然ではないだろうか。「私は」という主語は，すでに文脈から明らかであるため，日本語では通常，省略する。他にも，「賛成です」「わかりません」「迷っています」など，主語の省略はごく普通であるが，時として，会話の文脈が話し手・聞き手の間で十分に共有できていない場合にも，両者はそれぞれ自分の文脈に依存してしまいがちである。

　こうした日本語特有の**文脈依存性**（Hall, 1966）の高さに起因する省略表現の多さに加えて，やはりコミュニケーション・スキル不足の問題がある。

　筆者が以前担当していた「思考支援の認知心理学」の授業の中で，思考についての問題意識を大学生に自由記述してもらったことがある。すると，「思考」についての問題意識を尋ねたにもかかわらず，表7-2に見られるように，回答の中にはコミュニケーションとも密接に関連するものが多数含まれていた（三宮，2011）。

　表現力・思考力の問題もさることながら，他者から受け入れられないことへの不安のようなものが窺える。事例編の中にも，恋人や友人同士のコミュニケーションにおいて生じた，ささいな誤解が原因で，人間関係が終わってしまったというものがあった。特に恋愛関係においては，相手のちょっとした言動に過敏になり，「自分は

表 7-2　大学生の問題意識 (三宮, 2011 より抜粋)

- 考えがうまくまとまらない
- 考えを言葉でうまく説明できない
- 気持ちを言葉でうまく伝えられない
- いろいろな立場からものごとを考えられない
- 意見の相違や衝突が起こったとき，どう解決すればよいのかわからない
- 自分の気持ちがわからない
- 自分の考えが正しいと思い込み，まちがっていても気づかない
- 人が何を考えているのか気になる
- 人間関係に気を遣いすぎる
- 自分の言ったことが他者からどう受け取られるかが非常に気になる
- 自分の考えを否定されるのがこわい
- 他者の意見に流される
- 自分で確かめることなく，他者から聞いたことを鵜呑みにする

彼（彼女）に嫌われてしまったのではないか」と怯える**拒絶敏感性**（rejection sensitivity）の強いタイプの人がいる。この傾向が強すぎると，相手の言葉を深読みしたり悪意にとったりしやすくなり，結局は関係がうまくいかなくなることが多いという（Downy et al., 1998）。他の年代に比べ，青年期には特に，他者からの拒絶に不安を抱きやすいのではないだろうか。そうした不安や猜疑心が，誤解のもととなったり，誤解の解消を困難にしたりすると考えられる。

　他者と関わることに対する不安は**社交不安**（social anxiety）と呼ばれ，ある程度は誰もがもつ不安である。しかし，この不安が過剰になると，**社交不安症**となり（佐々木, 2015），場合によっては認知行動療法などの心理療法が必要になる。

　もちろん，誤解の問題は，青年期に限らず，どの年齢層にとっても悩みの種である。誤解がもとで人間関係がうまくいかなくなるこ

とは，私たちにとって大きなストレスの原因となる。さらに言うならば，人間関係以前の問題としても，自分の話していることが正しく伝わらない，つまり誤って受け取られるという状況が続くと，私たちは苛立ちを覚える。

　筆者は以前，音声認識装置の開発を目的とした実験を行ったことがある（Sannomiya, 1990）。音声認識の技術が著しく向上した現在とは異なり，当時の段階ではまだ認識率が低く，しかもゆっくり区切って発音しなければならない状況であった。そのため，かなり厳しい入力環境のもとで，実験的に検討を行う必要があった。そこで，人工的な設定ではあったが，音声で情報を伝える際に，それがうまく伝わらないと，どれくらい苛立ちを覚えるかを調べたのである。言うならば，「自分の発話が頻繁に誤解されると，私たちはどれくらい苛立つのか」を調べた実験である。

　実験の参加者は，たとえば，次のような文章をマイクに向かって伝えるよう求められた。

　　子ども時代の経験がいつまでも忘れられないのは，記憶力がさかんな年頃のせいでもあるが，見たり聞いたりすることにはじめてのことが多いので，強い刺激だったためではないだろうか。（後略）

　ある条件では，一文字ずつ読み上げ，音声を認識された結果が，1秒後に目の前のディスプレイ上に文字として現れる。その中でも，誤認識率20%という過酷な条件では，伝えた音声の2割が誤って認識され，次のようになってしまう。

　　ころもちだいの　けいけんが　いつなでも　あすれらでない
　　のわ　きおくりょふが　さかんら　としごろの　せいれもあ

うが　みたり　きひたりつることに　はちねての　けいけん
が　おおいとで　つよい　ひげきらったかめでは　ないだの
うか（後略）

　誤認識された音声は，再度言い直さなければならない。このような誤認識（音声の誤解すなわち聞き誤り）状況では，参加者はかなり強い苛立ちを覚えた。具体的には，5段階評定（「1：まったく苛立たない」〜「5：非常に苛立つ」）において，平均値が，ほぼ4という結果になった。

　もちろん，この実験では，聞き誤りという誤解の原因は送り手ではなく受け手の側にある。なぜなら，あらかじめ，2割の誤解が生じるように設定していたためである。こうした実験場面は，日常のコミュニケーションから見ると，やや極端ではあるものの，一生懸命に音声でメッセージを伝えようとしてもうまく伝わらないという歯がゆい状況が，私たちを苛立たせるということが実験的に示されたと言えるだろう。

　日常場面における誤解すなわちコミュニケーションの失敗は，送り手にのみ落ち度があるというよりも，実は，送り手・受け手の双方に原因がある場合が少なくない。まず情報の送り手側は，うっかり大切なポイントを抜かしてしまったり，自分の表現の曖昧さに気づきにくかったりする。一方，受け手の側も，自分の過去経験や既有知識，感情に基づいて解釈するために，情報の解釈にバイアスがかかりやすい。つまり，コミュニケーションにおける産出・理解の両方のプロセスに，こうした「すれ違い現象」が認められるのである。こうしたことは，残念ながら，私たち人間の宿命とも言えるだろう。

　しかし幸いなことに，私たちは，このすれ違いを克服するために役立つ高次の能力をもち合わせている。それが，6章で紹介したメ

タ認知である。コミュニケーションを円滑に進めるためには，メタ認知をいかに働かせるかが，大きな鍵となる。次節では，メタ認知を促すコミュニケーション・トレーニングについて紹介する。

2. メタ認知を促すコミュニケーション・トレーニング

　誤解を予防する手立てとして，コミュニケーションに対するメタ認知の促進を挙げることができる。それは，メタ認知を十分に働かせることによって，かなりの誤解が防ぎ得るからである。

　本節では特に，コミュニケーション・プロセスを**外化**（可視化）し，それによって意識化を促すことにより，参加者が積極的にメタ認知を行う機会を作ることを中心に据えたトレーニングを見ていくことにする。筆者が行っているコミュニケーション・トレーニングのうち，特に誤解の予防や解消を目的とする演習を次に紹介する。

(1) 誤解事例分析シートを用いた演習

　この演習では，実際に経験した誤解のうち，なんらかのトラブル（ネガティブ感情や不都合・損失の発生）を招いたものを取り上げ，誤解事例分析シートを用いて分析する。分析を通して，誤解を生むコミュニケーションに対するメタ認知を促進することが目的である。

　そのための１つの方策として，誤解すなわちコミュニケーションの失敗事例を集め，失敗の結果や原因を明らかにする**失敗事例分析法**（三宮，2008a）を取り入れた学習が考えられる。ここでは，コミュニケーションの失敗事例分析法を，特に**誤解事例分析法**（表 7-3 参照）と呼び，そのためのシート名を，**誤解事例分析シート**とする。

　一見単純に見える誤解にもさまざまな背景事情がある。同様の誤解を何度も繰り返さないためには，そうした背景事情をも意識化・言語化することが重要である。また，失敗をふまえて今後はどうす

表 7-3 誤解事例分析法の実例 (三宮, 2008a より)

①誤解を生んだ言葉	②状況や前後の文脈	③送り手の意図した意味	④受け手の解釈	⑤誤解が招いた結果	⑥誤解の原因	⑦今後の対策
「また今度ね」	友人から遊びに行こうと誘われたとき	「次回は行きたいので、また誘ってね」	「もう誘わないで」	友人は気を悪くした(受け手のネガティブ感情)	「また今度ね」の背景にある気持ちが伝わらなかった	「今回は行けないけど、次回は行きたいのでまた誘ってね」などと、明確な意志表示をする
「1人前500円でできますか？」	部活のメンバーのお弁当をまとめて注文しようとしたとき	「消費税込みで1人前500円でできますか？」	「消費税抜きで1人前500円でできますか？」	部活のメンバーから、追加徴収しなければならなくなった(送り手の不都合)	「消費税込みで」を省略したのが伝わらなかった	「消費税込みで」を省略せずにはっきり言う

表 7-4 教職大学院での演習における誤解事例分析シートの使用例

氏名（×× ××）

①誤解を生んだ言葉	②状況や前後の文脈	③送り手の意図した意味	④受け手の解釈	⑤誤解が招いた結果	⑥誤解の原因	⑦今後の対策
「何でもいいよ」	「今夜何食べたい?」という質問に対して。	「私に気を使わなくても、君の意志の方を優先するよ」	「私との食事はどうでもいいのね」	美味しいものを食べる予定がファーストフードになってしまった。	選択肢を挙げず会話を終わらせてしまった。	自分は○○がいいけど君はどう?と確認する。
「再検討します」	「どういう結論にしますか?」という質問に対して。	「もう一度会議を開くか、ある いは資料を用意します」	棚上げか?	司会者である自分は少し信用を失った。	メンバーが結論をほしがっていること、会議にうんざりしていることに気づいてなかった。	会議のあり方を勉強し直す。
「時間割が変更になりました」	支援学級担任時、校外学習に向けて3学級合同で事前学習するため時間割が変更になった時に言った言葉。	「交流学級の先生にそのことを伝えて下さいね」	時間割が変更になったんだな。（主任が伝えてくれるだろう）	交流学級の先生に迷惑をかけてしまった。当日になって時間割の変更をさせてしまった。	きちんと伝えてもらえるかどうかの確認ができていなかった。自分がすべきことを考えていなかった。	してほしいことをきちんと言葉にして伝える。

ればよいのかを考えることも欠かせない。

　そこで，誤解の結果および原因に加えて，状況や前後の文脈，送り手の意図した意味と受け手の解釈，さらには今後の対策といった項目も含めた誤解事例分析シートを用いる。各自の誤解経験をふり返り，グループやクラスで共有することによって，学習の深まりが期待できる。表7-3に示した7つの項目（着眼点）に基づいて身近な誤解事例を分析することにより，情報の送り手・受け手双方の留意点が浮かび上がってくる。

　表7-3のような実例を記入例として呈示し，①〜⑦の項目について，誤解経験を思い出しながら具体的に記入してもらう。教職大学院の授業でも，グループワークでこの演習を取り入れるようにしていた。その際に提出された，誤解事例分析シートの例を表7-4に示す。もちろん，「④受け手の解釈」については，厳密には確認できない場合もある。しかしながら，相手の表情や問い返しなどから，推察して記入していく。自分だけではシートが埋められない場合には，グループの仲間に相談してもよい。自分ひとりで考えるよりも，仲間と知恵を出し合いながら作業を進める方が，うまくいくことが多いし，また，盛り上がりもする。

　グループで，あるいはクラス全体で誤解事例を集めてみると，見かけは違っていても同様の原因から生じた誤解があることに気づく。たとえば，間接的な表現で断ったつもりだったが，相手には断りとして伝わっていなかったなど。このように，個々の事例をカテゴリー化し，多様な事例からいくつかの共通性を見出せば，「このような場合にこのような誤解が起こりやすい」という一般法則を導くことができる。

　自分の失敗例だけではなく，仲間とともに多くの例を持ち寄れば，体系化することが可能になる。過去にトラブルになった事例で，「なぜそうなったのか」がよくわからなかったものについても，仲間

とのやりとりによって，その原因に気づく手がかりが得られることもあるだろう。自分の失敗は客観視しにくいが，それに比べて他者の失敗は客観的にとらえることができる。

こうしたメタ認知的側面に加え，動機づけの面でも，効果が期待できる。そもそも自分1人では，これまでのコミュニケーションの失敗についてふり返ってみようという気持ちにはなかなかなれないものだが，このように共同作業としてのふり返りの場を設けることで，事例を多面的にとらえる楽しさが増し，「いろいろな視点から考えよう」という動機づけが高まりやすい。

また，コミュニケーションの失敗という体験から出発し，その原因分析や対処法の考案といったメタ認知レベルの活動を導入することにより，理解が過去経験の枠内にとどまらず，新たな状況へと転移することも期待できる。すなわち，過去の失敗をメタ認知レベルでとらえ直すことで，今後直面するであろう，曖昧なコミュニケーション場面における誤解を未然に防ぎ得る可能性が高まる。

ある受講生は，次のような感想をレポートに記していた。

　誤解について，その背景にあるものについて学び，今まで自分が数々してきた誤解が，それぞれどのような背景や原因からそうなったのかよくわかりました。私は，よくないことや失敗してしまったことをすぐ忘れてしまうので，誤解事例について思い出せるものはありませんでした。しかしその後，思い込みから相手の話をあまり聞かずに誤解をし，自分が相手の質問した内容に合わない答えを返してしまったことがあり，授業で学習したことを思い出して，次からは自分の思い込みを少しずつでもなくしていき，相手の意見を最後まで聞いて判断しようと思いました。この誤解についての授業がなければ，これまでのように，この出来事を簡単に忘れてしまったかもしれません。

誤解は時として，相手の気持ちを不快にさせたり，自分を不利な状況に立たせてしまったりすることもあり得ると思うので，これから気をつけていきたいと思いました。

(2) 不十分な説明材料を用いた演習

　この演習では，あえて「不十分な説明」を教材とし，説明において不足している情報を列挙する。その後，グループでの話し合いを経て，不足情報を補った説明を作成する。とかく自分の説明を対象化し，欠陥を見抜くことは困難であるが，人の説明については，問題点が見えやすい。この演習の目的は，受け手の立場に立って批判的に説明を吟味することを通して，説明に対するメタ認知を促進することである。たとえば，次のような教材を用いている。

スリムスリム問題

　ダイエット食品「スリムスリム」についての，以下の説明において不足している情報を挙げて下さい。

　「スリムスリムはたいへん安全な食品です。そして，その絶大な効果は多くの人が認めています。インタビューの結果も，完全にこれを裏づけています。また，今月中は特別割引セール期間につき，6箱お買い求めになると通常の25パーセント引きの上に，さらに1箱おつけします。さらに6箱追加されるごとに，30パーセント，35パーセント，…となり，最大50パーセントまで増えます。さあ，今すぐ，0120-xxxxxxまでお電話ください。」

（三宮，2009）

表 7-5 「スリムスリム問題」に不足している情報

1) 1箱が何日分か
2) スリムスリムの形態
3) スリムスリムの摂取法
4) スリムスリムの定価（税込み）
5) スリムスリムの料金の支払い方法（一括払いか分割払いかなど）
6) スリムスリムの販売元
7) 「安全な食品」であるという根拠
8) 「絶大な効果」とはどのような効果か
9) 「多くの人」の具体的な人数
10) 「インタビュー」の対象と内容
11) 「今月中」とは何年何月か
12) 「通常の」とは「通常価格の」なのか，「通常割引の」なのか
13) 6箱ごとに1箱必ずつくのか，それとも6箱以上はいくら買っても1箱だけしかつかないのか
14) 12箱買った場合，最初の6箱が25%，追加の6箱が30%割引されるのか，それとも12箱全てが30%割引されるのか
15) 「今すぐ」とはいつ電話してもよいのか（受付時間帯，受付期間）

　この説明において不足している情報は何か，を考えることが課題である。教職大学院の授業で得た，この課題に対する30名の解答を整理したものを表7-5に示す。
　これらの解答は，次の3種類に分けることができる。
　①情報欠落：必要な情報が抜け落ちている（項目1～6）
　②根拠・裏づけ不明：主張の根拠や具体的な裏づけが不明である（項目7～10）
　③表現の曖昧さ（多義性）：意味を一義的に限定せず複数の解釈可能性を残している（項目11～15）

2. メタ認知を促すコミュニケーション・トレーニング 193

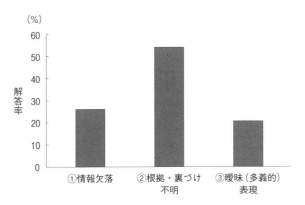

図 7-1 カテゴリー別の解答率 (三宮, 2009 より)

　それぞれの解答率は，図 7-1 の通りであり，根拠・裏づけが不明であることには比較的気づきやすいものの，表現の曖昧さ（多義性）や情報欠落には気づきにくいことがわかった。

　ここで，「誤解を招く表現」として特に問題となるのは，③ 表現の曖昧さ（多義性）である。情報の送り手側に立つと，自らの表現が曖昧であることには気づきにくい。そこで，説明における表現の曖昧さへの気づきを促すために，受け手の立場に立ち，批判的に解釈する演習が効果的である。

　この演習では，次のような感想が寄せられた。

　スリムスリム問題に取り組みましたが，一見よくわかりそうな文でも，気をつけて読むと情報として足りない部分がたくさんあることに気づきました。受け手の視点を意識して説明しないと相手には十分伝わらないということから，学校現場で，子どもたちや保護者にいろいろなことを説明するときには，その点に気をつけながら説明していきたいと感じました。また，

スリムスリムのような，情報が十分でない広告を最近見かけることも多いので，受け手として視点をきちんともって，怪しいところについてはきちんと調べるなど，後で自分が困らないようにしていくことも大事だと思いました。子どもたちにとっても，これから生きていくうえで必要になってくる力だと考えます。

---

(3) 自らのスピーチ・プロトコルを作成する演習

　書き言葉によるコミュニケーションの場合は，自分で読み返すことにより，適切な表現や展開になっているかといったチェックすなわちメタ認知的モニタリングを行いやすい。これに対して，口頭コミュニケーションの場合には，メタ認知を働かせることが比較的難しい。

　あらかじめ発話プランを立てることができるスピーチなどはまだしも，他者の発言に応じて自らの発言を臨機応変に組み立てなければならない場合には，その場で発言内容を考えながら話すため，同時にメタ認知的モニタリングを行わねばならず，十分な認知資源をメタ認知に配分することができない。「相手の質問にきちんと答えることができただろうか」「何か不適切な発言をしなかっただろうか」といったふり返り（事後的なメタ認知的モニタリング）を行おうにも，話し合いが終わった後では，すでに記憶が不鮮明になっていたりする。

　そこで，この演習では，3名構成のチームを作り，意見を出し合う様子を録音し，それを受講者自らが文字化して，スピーチ・プロトコルを作成する。文書化された自らの発言を読み返すことで，十分なメタ認知的モニタリングを行う機会を作ることが目的である。これは，以前筆者が担当した教育実習事前指導の一環としての，コ

ミュニケーション演習の授業において行っていたものである（三宮，1995a）。

学生たちにとっては，スピーチ・プロトコルの作成は初めての経験であったようだ。彼らのレポートには，次のような感想が含まれていた。

- 自分の録音テープを聞くことで，話し方がはっきりしていないことや，論理的にまとめて話すことができていないことを，客観的に見ることができた。自分の思っている話し方とは違っており，反省することが多々あった。
- 私たちの班はＰグループ（後述）ということで，話を進めた。作業として，班ごとの話し合いが２つ，そのテープ起こしが２つ，そして，意見文の作成であった。私は，この作業を終えてみて，普段の私たちが，どれだけ他人の話を最後まで聞かないでいるか，また，どれだけ自分の意見がまとめて話されていないか思い知らされた。普段の生活においては，自分がいかに話し，いかに聞いているかということについては，気にもとめない場合がほとんどである。
- 普段，価値観の似ている人たちばかり接しているため，あまり気づかなかったが，人それぞれ価値観は異なるのだということをあらためて感じた。

スピーチ・プロトコルを作成するためには，当然，録音された自分の音声を聞くことになる。すると，話す速度や間の取り方にも注意が向くようになる。こうした，話し方というパラ言語の側面をも意識することは大切である。

また，スピーチ・プロトコルを読むことによって，自分の話す内容や話の展開についての気づきとともに，他者の発言の背景にある

価値観にも気づくことができるということが窺える。

(4) 討論を評価し合う演習

先に紹介した (3) の演習は，教育実習事前指導として実施した討論の演習において準備段階に位置づけていたものである（三宮，1995a）。討論に慣れておらず，目指すべき討論のあり方についての知識も不十分な状態から，実習先の学校で子どもたちの討論指導ができる状態に近づけるために，事前に討論についての知識・スキルを獲得しておく必要があった。

そもそも，学級会などでの討論は小学校から経験してきているものの，そのあり方を意識化したり評価の対象とするものではなかった。したがって，討論をメタ認知する機会が乏しかったのである。

討論スキルを向上させるためには，まず討論に対するメタ認知が欠かせないため，討論活動へのメタ認知に主眼を置いた演習を行った。たとえば，「大学生をもっと勉強するように仕向けるにはどうすればよいかを教師の視点から考え論じる」という課題について，罰を用いて解決するという考えのグループ（Pグループ）と罰を用いずに解決するという考えのグループ（Nグループ）に分かれて討論を行う。

各チームはまず，チーム内での話し合いを文書化したものを読み返して細部を検討し，公開討論のための準備に取り組む。公開討論では，立場の異なる2つのチームが順に，参加者全員の前で討論を行う。この際，次のような討論活動評価シートが配られ，討論者以外は討論を見ながらこれに記入していく。

討論活動評価シート概要

○各討論者について，次の観点から5段階で評価する
・相手の意見をよく理解して意見を述べているか？

- 論理的に意見を述べているか？
- わかりやすく（具体的に）意見を述べているか？
- 簡潔に（明確に）意見を述べているか？
- 聞き手の興味を引くように意見を述べているか？
- 熱意をもって意見を述べているか？
- 問題解決に有効な意見を述べているか？

　最後にこの評価に基づいてベストメンバーを4名（各立場2名）選出し，「ザ・ベスト・ディスカッション」と称する模範討論を行ってもらう。なお，討論の模様はすべてビデオ録画し，視線や表情などの非言語的表出をあとでふり返ることができるようにしておく。

　このように，評価観点を明確にしたうえで，各参加者が公開討論のメンバーの討論活動を評価することにより，表面的な特徴（たとえば声がよく響く，発言が流暢である，など）のみに惑わされずに，発言内容をメタレベルで見る態度・習慣が形成される。受講生のレポートには，次のような感想が含まれていた。

- これまで，「○○について話し合う」といった形式のものはよくしたように思うが，1つのことについて，正反対の立場に立って討論するという形式のものは，あまりしなかったように思う。だから，最終的な討論は，どういったものになるのだろうと，とても興味があった。
- 自分ひとりだけで考えていると，ひとりよがりになるし，自分は絶対正しいと譲らなくなってしまうことがある。他人の意見を聞くことで，さまざまな考えがあることがわかるし，自分の意見を客観的に見つめ直すことができ，それをより深めることができ，より論理的にしっかりしたものにすることができたと思う。自分の考えの幅が広がったように思う。

- もし，今回初めの3人での話し合いがなかったならば，ぶっつけで意見を言おうとしても，表面的な意見でしかなかっただろうし，他の人の意見も十分に理解できなかったのではないかと思う。自分の考えというのは，人と話すことによって，より堅固なものへと発展し，より深みをおびるものとなってくると思う。
- グループ内での話し合いだけでもさまざまな意見が出てきたが，やはり，正反対の意見をもつグループとの話し合いでは，よりいっそう自分たちの考えを固めることができたように思う。
- 私は，「大学生にもっと勉強させるにはどうすればよいか」という問題について考えていくうちに，勉強するということをどう定義するかによって意見が違ってくることに気づいた。与えられた課題を機械的にやるだけでも，勉強したことになるなら，罰を与えてでもやらせれば，勉強したことになる。しかし，勉強を自分の取り組みたい学問に打ち込むことと定義すれば，罰を与えてやらされるのは勉強ではなくなる。またもう一つ，討論を進めていくうちに，罰の定義の問題も出た。討論の時には，前もっていろいろな事柄の定義をしておかなければ，各自の定義が違ったまま，討論が進んで行き，根本が違うから仕方がないというように，建設的意見が出ないまま終わってしまう恐れがあるということを学んだ。
- 自分の顔がテレビに映り，話すのを聞くと，恥ずかしくなってしまった。論理的に話すことができないという自分の欠点がよくわかった。このようなフィールドバックの機会はなかなか与えられないことなので，たいへん勉強になった。

(5)「言わなかった」ことを「言った」と思わせる演習

　私たちのコミュニケーションの中で,「言った・言わない」が問題になることがある。「あなたは, あの時こう言った」「いや, そんなことは言っていない」という水掛け論になることもある。たいてい, どちらも譲らない。本当は, いずれかが誤解しているケースが多いのだが, それぞれが自分の主張に固執し, 次第に険悪なムードになりかねない。この演習では, 言わなかったことを「言った」と思わせるトリックを用いてこの状況を人工的に作り出し, そこに悪意が介在せずとも「言った・言わない」論争が起こり得ることへのメタ認知を促すことを目的とする。

　まず, 筆者が参加者に対して,「私が今から言うことを覚えておいて, 言い終わってから,『これらを聞いた』と思う言葉をできるだけたくさん書いて下さい」と告げ, 言葉のリストをゆっくり読み上げる。リストは, たとえば次のようなものである。

---

(1) ラジオ, 波長, テレビ, 電気, 電信, 無線, 見えない, 短波, 電子, 放送, アンテナ, 電報, 通信, 波, 流れる
(2) 話す, 読む, 講義, 音楽, 耳, 噂, 講演, 尋ねる, 書く, 言う, 見る, 音, レコード, 話, ニュース

　　　　　　　　　　　　　　（宮地・山, 2002 より）

　もちろん, すべてを思い出せるわけではないが, 参加者は, 自分が聞いたと思うことを思い出しながら, いくつかの言葉を書く。しかし, ここで不思議なことが起こる。それは, 筆者が言わなかった言葉が「言った言葉」として多くの参加者に書かれることである。その言葉は, (1) では「電波」, (2) では「聞く」である。つまり, 話し手が実際には言わなかったことであっても, 他の言葉から強い連想が働いた結果, 言ったかのように受け取られるという現象がし

ばしば起こるのである。「実は，電波とは一言も言いませんでしたよ」と種明かしをすると，参加者は一斉に驚き，「えーっ」と声を上げる。その反応をとらえて，これが「言った・言わない」論争の1つの原因であると説明すると，一様に納得してくれる。

実は，この演習で用いている材料は，もともと**フォールスメモリー**（偽りの記憶）研究のための実験材料である。フォールスメモリーとは，実際には起こらなかったことを起こったと誤認している記憶である（Roediger & McDermott, 1995）。フォールスメモリーを誘発する単語リストは，最初，ディース（Deese, 1959）によって作られたものであり，これを日本語の実験用に改変したものが，先ほどのリストである。

(6) 誤解を誘発するメッセージを作る演習

解説編の心理学的背景でも述べた通り，私たちは，自分がある1つの意味を込めて発したメッセージに，別の意味解釈があり得るということには非常に気づきにくい。一方，受け取る側にとっても，自分の解釈がすべてであり，別の意味で相手が言ったとは気づきにくい。そこで，この演習では，2通りに解釈できる，つまり誤解を誘発するメッセージを作るという課題を通して，「1つのメッセージに別の意味があり得る」ということに気づきやすくなることを目的とする。

たとえば，メールなどで送信する，次のようなメッセージを例として挙げることができる。

・「Aくんは，ウソを言ってるんじゃない」
　解釈1：Aくんは，ウソを言っているのではない（否定）
　解釈2：Aくんは，ウソを言っているのではないか？（疑問）

・「彼にも文句があるはずだ」
解釈1：彼の側にも文句があるはずだ
解釈2：（別の人が）彼に対しても文句があるはずだ

・「彼女はBくんが苦手な人だ」
解釈1：彼女はBくんにとって苦手な人だ
解釈2：彼女はBくんを苦手とする人だ

・「CくんとDくんの兄が問題を起こした」
解釈1：Cくんと，Dくんの兄が，問題を起こした
解釈2：CくんとDくんのそれぞれの兄が問題を起こした

・「コンパで飲み過ぎた人が入院した」
解釈1：コンパで飲み過ぎた人が，その場から入院した
解釈2：コンパで飲み過ぎた人が，後日入院した

　こうした誤解を誘発するメッセージを作った後，どうすれば誤解を生まない一義的なメッセージになるかを話し合う。多くの場合，「，」を打ったり，語順を変えたり，また少し言葉を足すといった，わずかな工夫で誤解を防ぎ得るということへの理解を促す。

(7) 非言語情報の伝達演習

　ものの形状や動作など，もともと非言語的な情報を言葉で伝えることは難しい。この演習では，非言語情報の言語化がいかに難しく不正確になりがちか，受け手に伝わりにくいかを実際に体験することを通して，非言語情報の言語化に対するメタ認知を促すことを目的とする。たとえば，筆者は授業の中で，誰もが知っている，コラム14にあるような子どものお遊戯を，受講生の中の2名ほどに演

じてもらい，これを言葉のみで説明するという課題を出すことがある。

動作としては，幼児でも覚えられる単純なものであるが，いざ言語化するとなると，意外に難しいことがわかる。このお遊戯をまったく知らない人に言葉だけでどう伝えればよいか，チームに分かれて説明を考え，各チームの説明を皆で検討する。誤解を生みにくい効果的な説明はどれか，後から投票で選ぶこともある。

コラム 14 「なべなべ，そこぬけ」の動作を言葉で説明してみると…

幼い頃に遊んだ「なべなべ，そこぬけ」をみなさんは思い出せるでしょうか？　そう，次の歌に合わせてペアで行うお遊戯です。

「なべなべ，そーこぬけ。そーこが抜けたら返りましょ♪」
（図 7-2 参照）

図 7-2　「なべなべ，そこぬけ」の動作
（『心を育てるおやこあそびのえほん』（三宮監修，2004a，p.34 より転載）

単純なお遊戯ですが、「イラストなどに頼らず言葉だけで説明する」となると、思いの外、容易ではありません。図7-2のようなイラストを一切見せずに、まず、このお遊戯を知っている学生2人に教室の前に出て来て実演してもらいます。それを見て確認した後、各チームで言葉のみによる説明を作成してもらうという演習です。

この言語説明の課題において、あるチームが作成した標準的な説明は、次のようなものでした。

2人で向かい合い、交差させずに（自分の右手は相手の左手と、自分の左手は相手の右手と）両手をつなぐ。両手をつないだままで、腕から左右に振る。これを「なべなべそこぬけ」のリズムに合わせて行う。「そこがぬけたらかえりましょ」の「かえりましょ」の部分で、つないだ手のどちらか一方を頭の上まで上げ、2人は上げた手の下をくぐる。すると向かい合っていた2人は背中合わせになっている。雰囲気を楽しみ、勝ち負けはない。最後まで手を離さない。

一方、評価の高かったチームの説明は、次のようなものでした。

「なべなべそこぬけ」というお遊戯がある。これは歌を歌いながら、リズムに合わせて、体を動かす遊びである。具体的には、

1. 2人ペアになり、対面して両手をつなぐ。右手は相手の左手と、左手は相手の右手とつなぎ、手の位置は自然な高さにしておく。
2. 「なべなべそこぬけ、そこがぬけたら」と2人が歌い、そ

> のリズムに合わせて2人がつないだ両手を同じ方向に左右に振る。
> 　3．続けて「かえりましょ」と歌う。それを歌いながら，一方の外側の手を自分の頭上に上げ，その手をくぐるように，右手を上げた人は時計回り，左手を上げた人は反時計回りに体をその場で回し，「かえりましょ」の「しょ」と同時にお互いが両手をつないだまま，背中合わせになる。
> 　4．その後は同じ要領で「なべなべ…」と歌いながら手を振り，「かえりましょ」で体を回して対面のポジションに戻る。
>
> ------
>
> 　先の例と比べてみると，どうでしょうか？　完璧とは言えないまでも，ずいぶん工夫した様子が表れています。誰もが初めから，上手に説明できるわけではありませんが，このような練習を重ねることで，説明力は確実に高まるものなのです。

　この他，通常は非言語的に扱われることの多い情報をあえて言語化する練習を行う。たとえば，言葉で表しにくい図形や，作業手続き，道順といったものを言葉で表現し，受け手にうまく伝わったかどうかを確認する。

　この種の課題は，小学校の授業においても，十分取り入れることができる。はじめは，伝達の失敗を，互いに相手の責任ととらえてしまいがちであるが，送り手・受け手の役割を交替することで，うまく伝えることも，うまく受け取ることも，ともに難しいということが理解できるようになる。

　また，送り手のみ発言が許される一方向の伝達の後，受け手が質問することのできる双方向の伝達に切り替えると，誤解が少なくなることを経験し，情報伝達においては，受け手の積極的な協力も大切であることを学ぶ（三宮，1995b）。授業で用いた図形を図7-3に

図 7-3　伝達すべき図

写真 7-1　小学校における図形伝達授業風景

示す。また，写真 7-1 は，小学校における図形伝達の授業風景である。

この課題は，大学生が取り組んでみても，なかなか難しいものである。大学生であれば，伝達の困難な図形を自分たちで考案してみ

るのもよいだろう。

(8) 概念や考えを図で表現する演習

非言語情報を言語情報に変える先ほどの演習とは逆に，言語情報を非言語情報で表して相手に伝える練習をすることにも，意味がある。この演習は，言語情報を相手にわかりやすく視覚表現することがいかに難しいかを自ら体験し，少しでも伝わりやすくなるように工夫することを通して，言語情報の視覚化に対するメタ認知を促すことが目的である。

たとえば，解説編（4章）に出てきた「ダブルバインド・コミュニケーション」を図で表すという課題に対して，図7-4のようなイラストを描いた学生がいた。うまく特徴を表していると，筆者は評価している。

また，「見た目は変わっても本質は変わらない」ということを図で表すという課題に対しては，別の学生が図7-5のようなイラストを描いた。これも，ユニークな発想に基づく表現だと評価している。

図7-4 「ダブルバインド・コミュニケーション」の視覚表現

図 7-5 「見た目は変わっても本質は変わらない」の視覚表現

(注:王位を追われて貧しくなった「元王女」は,今も優しく,同じく貧しい人にわずかなパンを分け与えている)

おわりに
メタ認知によるコミュニケーションの改善に向けて

　人と人とのコミュニケーションがうまく運ぶためには，話し手（情報の送り手）は聞き手（情報の受け手）の視点に立つことが必要です。「聞き手は，このように受け取るだろう」という具合に。同様に，聞き手も話し手の視点に立つことが必要です。「話し手は，このことを伝えたいのだろう」というように。自分以外の他者の視点を取ること，すなわち視点取得は，時として大人であっても難しいものですが，誤解のないコミュニケーションを実現するためには不可欠と言えるでしょう。

　実は，この視点取得を柔軟に行うことこそが大切です。つまり，聞き手の解釈の可能性をいろいろと考えてみたり，「この伝え方でよいのか」と自問したりすることです。また，逆に，話し手の発話意図の可能性をいろいろと推測してみたり，「この受け取り方でよいのか」と自問したりすることです。このように考えることが，まさしくコミュニケーションについてのメタ認知です。

　対人コミュニケーションにおいて誤解を減らすために有効な手立ては，メタ認知を活用することです。話し手，聞き手の両者がともにメタ認知を働かせながら会話を進めていくことが大切です。そのためには，適切なメタ認知的知識を蓄積しておくことが役に立つでしょう。どのような言語表現や非言語表現が誤解を招きやすいのか，私たち人間には，どのような認知の特性があるのか，どのような状況や感情状態が解釈を歪めやすいのか，ついうっかり省略してしまい，意味が曖昧になってしまいがちな言葉はどんな言葉か，ついうっかり使ってしまう言葉や仕草に，どのような曖昧さやネガティブ

な意味合いがあるのか，といったメタ認知的知識を，自らの体験と関連づけた形で，豊富に蓄えておくことが役に立つはずです。本書では，こうしたメタ認知的知識を，さまざまな形で紹介してきました。

「誤解はなぜ生じるのか」という問いを立てることによって，誤解を引き起こす多くの原因に目を向けることができます。誤解という現象を通して，私たちは，コミュニケーションを取り巻くさまざまな背景に気づくようになります。誤解という覗き窓からコミュニケーションを眺めてみることで，人と人とが，言語や非言語を介して理解し合えるということが，実は双方の知恵と努力によるものであることを，今更ながら知ることができるのではないでしょうか。

みなさまの人間関係がよりよいものとなるために，本書が少しでもお役に立てることを願っています。

なお，最後になりましたが，本書の企画・編集において，ナカニシヤ出版の宍倉由高編集長および山本あかね様に大変お世話になりました。心より感謝申し上げます。また，イラスト「パリのカフェ」の使用をご快諾下さいました矢野曉様にも，厚くお礼申し上げます。

引用文献

Adams, A., Simmons, F., Willis, C., & Pawling, R.　2010　Undergraduate students' ability to revise text effectively: Relationships with topic knowledge and working memory. *Journal of Research in Reading*, **33** (1), 54-76.

Addington, D. W.　1968　The relationship of selected vocal characteristics to personality perception. *Speech Monographs Special Reports*, 492-503.

Allen, J. G., Fonagy, P., & Bateman, A. W.　2008　*Mentalizing in clinical practice*. Washington, DC: American Psychiatric Publishing. (狩野力八郎（監修）　上地雄一郎・林　創・大澤多美子・鈴木康之（訳）　2014　メンタライジングの理論と臨床— 精神分析・愛着理論・発達精神病理学の統合—　北大路書房)

Apperly, I.　2011　*Mindreaders: The cognitive basis of "theory of mind"*. New York: Psychology Press.

荒川　歩・中谷嘉男・サトウタツヤ　2006　友人からのメールに顔文字が付与される頻度が顔文字から受信者が受ける印象に与える影響　社会言語科学, **8** (2), 18–25.

Austin, J. L.　1962　*How to do things with words*. Oxford: Oxford University Press. (坂本百大（訳）　1978　言語と行為　大修館書店)

Baddeley, A. D., & Hitch, G. J.　1974　Working memory. In G. H. Bower (Ed.), *The psychology of learning and motivation* (Vol.8, pp.47-89). New York: Academic Press.

Baron-Cohen, S.　1995　*Mindblindness: An essay on autism and theory of mind*. Cambridge, MA: MIT Press.

Bartlett, F. C.　1932　*Remembering: A study in experimental and social psychology*. Cambridge: Cambridge University Press.

Bateson, G., Jackson, D. D., Haley, J., & Weakland, J.　1956　Toward a theory of schizophrenia. *Behavioral Science*, **1** (4), 251-254.

Boderman, A., Freed, D. W., & Kinnucan, M. T.　1972　"Touch me, like me": Testing an encounter group assumption. *The Journal of Applied Behavioral Science*, **8** (5), 527-533.

Bransford, J. D., & Johnson, M. K.　1972　Contextual prerequisites for understanding: Some investigations of comprehension and recall. *Journal of Verbal Learning and Verbal Behavior*, **11**, 717-726.

Brothers, L. 1990 The social brain: A project for integrating primate behavior and neurophysiology in a new domain. *Concepts in Neuroscience*, **1** (1), 27-51.

Brown, A. L. 1978 Metacognition, executive control, self-regulation, and other more mysterious mechanisms. In F. E. Weinert & R. H. Kluwe (Eds.), *Metacognition, motivation, and understanding* (pp.65-116). Hillsdale, NJ: Lawrence Erlbaum Associates.

Brown, B. L., Strong, W. J., & Rencher, A. C. 1974 Fifty‐four voices from two: The effects of simultaneous manipulations of rate, mean fundamental frequency, and variance of fundamental frequency on ratings of personality from speech. *The Journal of the Acoustical Society of America*, **55** (2), 313-318.

Bull, P. 1983 *Body movement and interpersonal communication*. London: John Wiley & Sons. (高橋　超（編訳）　磯崎三喜年・上野徳美・田中宏二（訳）1986 しぐさの社会心理学　北大路書房）

Burgess, P. W., Dumontheil, I., & Gilbert, S. J. 2007 The gateway hypothesis of rostral prefrontal cortex (area 10) function. *Trends in Cognitive Sciences*, **11** (7), 290-298.

Call, J., & Tomasello, M. 2008 Does the chimpanzee have a theory of mind? 30 years later. *Trends in Cognitive Sciences*, **12** (5), 187-192.

Carston, R. 2008 Linguistic communication and the semantics/pragmatics distinction. *Synthese*, **165**, 321-345.

Cho, K., & MacArthur, C. 2011 Learning by reviewing. *Journal of Educational Psychology*, **103**, 73–84.

Clark, H. H. 1979 Responding to indirect speech acts. *Cognitive Psychology*, **11**, 430-477.

Collins, A. M., & Loftus, E. F. 1975 A spreading-activation theory of semantic processing. *Psychological Review*, **82** (6), 407-428.

Deese, J. 1959 On the prediction of occurrence of particular verbal intrusions in immediate recall. *Journal of Experimental Psychology*, **58** (1), 17-22.

Dewey, J. 1933 *How we think: A restatement of the relation of reflective thinking to the educative process*. Boston: D.C. Heath and Company.

Di Pellegrino, G., Fadiga, L., Fogassi, L., Gallese, V., & Rizzolatti, G. 1992 Understanding motor events: A neurophysiological study. *Experimental Brain Research*, **91**, 176-180.

Diemand-Yauman, C., Oppenheimer, D. M., & Vaughan, E. B. 2011 Fortune favors the bold (and the italicized): Effects of disfluency on educational outcomes. *Cognition*, **118**, 111-115.

Dooling, D. J., & Christiaansen, R. E. 1977 Episodic and semantic aspects of memory for prose. *Journal of Experimental Psychology: Human Learning and Memory*, **3** (4), 428-436.

Downey, G., Freitas, A. L., Michaelis, B., & Hala, K. 1998 The self-fulfilling prophecy in close relationships: Rejection sensitivity and rejection by romantic partners. *Journal of Personality and Social Psychology*, **75** (2), 545-560.

Duffy, T. M., Curran, T. E., & Sass, D. 1983 Document design for technical job tasks: An evaluation. *Human Factors: The Journal of the Human Factors and Ergonomics Society*, **25** (2), 143-160.

Dunbar, R. I. M. 1998 The social brain hypothesis. *Evolutionary Anthropology*, **6**, 178-190.

Ekman, P., & Friesen, V. 1969 The repertoire of nonverbal behavior: Categories, origins, usage, and coding. *Semiotica*, **1** (1), 49-98.

Ekman, P., & Friesen, W. V. 2003 *Unmasking the face: A guide to recognizing emotions from facial clues.* Cambridge, MA: Malor Books.

Elgin, S. H. 1993 *Genderspeak: Men, women, and the gentle art of verbal self-defense.* New York: John Wiley & Sons.

Fernald, A., & Morikawa, H. 1993 Common themes and cultural variations in Japanese and Ameriean mothers' speech to infants. *Child Development*, **64**, 637-656.

Fisher, J. D., Rytting, M., & Heslin, R. 1976 Hands touching hands: Affective and evaluative effects of an interpersonal touch. *Sociometry*, **39** (4), 416-421.

Fishman, P. M. 1978 Interaction: The work women do. *Social Problems*, **25** (4), 397-406.

Fitzgerald, J., & Markham, L. R. 1987 Teaching children about revision in writing. *Cognition and Instruction*, **4** (1), 3-24.

Flavell, J. H. 1979 Metacognition and cognitive monitoring: A new area of cognitive—developmental inquiry. *American Psychologist*, **34** (10), 906-911.

Flower, L., & Hayes, J. R. 1981 A cognitive process theory of writing. *College Composition and Communication*, **32** (4), 365-387.

Forgas, J. P. 2002 Feeling and doing: Affective influences on interpersonal behavior. *Psychological Inquiry*, **13** (1), 1-28.

Forgas, J. P., & Bower, G. H. 1987 Mood effects on person-perception judgments. *Journal of Personality and Social Psychology*, **53** (1), 53-60.

Frith, C. D. 2012 The role of metacognition in human social interactions. *Philosophical Transactions of the Royal Society B*, **367**, 2213-2223.

Frith, C. D., & Frith, U. 1999 Interacting minds: A biological basis. *Science*, **286**, 1692-1695.

Frith, U. 1989 *Autism: Explaining the enigma.* Oxford: Basil Blackwell.
Frith, U. 2001 Mind blindness and the brain in autism. *Neuron*, **32**, 969-979.
藤沢綾乃 2013 ケータイメールに現れる顔文字の効果 フェリス女学院大学国文学会紀要「玉藻」, **47**, 139-148.
深田博己 1998 インターパーソナル・コミュニケーション―対人コミュニケーションの心理学― 北大路書房
福島宏器 2011 ミラーとメンタライジング―社会脳の見取り図― 子安増生・大平英樹（編） ミラーニューロンと＜心の理論＞ (pp.153-193) 新曜社
Fullwood, C., & Martino, O. I. 2007 Emoticons and impression formation. *Applied Semiotics*, **19**（7）, 4-14.
Gallagher, H. L., Happé, F., Brunswick, N., Fletcher, P. C., Frith, U., & Frith, C. D. 2000 Reading the mind in cartoons and stories: An fMRI study of 'theory of mind' in verbal and nonverbal tasks. *Neuropsychologia*, **38**, 11-21.
Gopnik, A., & Astington, J. W. 1988 Children's understanding of representational change and its relation to the understanding of false belief and the appearance-reality distinction. *Child Development*, **59**, 26-37.
Grice, H. P. 1975 Logic and conversation. In P. Cole & J. Morgan (Ed.), *Syntax and semantics*, Vol.3: *Speech acts* (pp.41-58). New York: Academic Press.
Hall, E. T. 1966 *The hidden dimension.* New York: Doubleday.
Hall, E. T. 1976 *Beyond culture.* New York: Anchor Press.
Hass, R. G. 1984 Perspective taking and self-awareness: Drawing an E on your forehead. *Journal of Personality and Social Psychology*, **46**（4）, 788-798.
Hayes, J. R., & Flower, L. S. 1986 Writing research and the writer. *American Psychologist*, **41**, 1106-1113.
平野喜久 2004 天使と悪魔のビジネス用語辞典 すばる舎
廣瀬信之・牛島悠介・森 周司 2014 携帯電話メールによる感情の伝達に顔文字と絵文字が及ぼす影響 感情心理学研究, **22**（1）, 20-27.
Hirschman, L. 1994 Female-male differences in conversational interaction. *Language in Society*, **23**, 427-442.
Humphrey, N. K. 1976 The social function of intellect. In P. P. G. Bateson, R. A. Hinde（Eds.）, *Growing points in ethology* (pp.303-317). Cambridge: Cambridge University Press.
Iacoboni, M., & Dapretto, M. 2006 The mirror neuron system and the consequences of its dysfunction. *Nature Reviews Neuroscience*, **7**, 942-951.
入江幸男 1993 メタコミュニケーションのパラドクス（1） 大阪樟蔭女子大学論文集, **30**, 179-195.
石原次郎・熊坂 亮 2002 フォントの違いによるイメージの伝達効果 北海道大学

独語独文学研究年報, 25-40.

石井敬子・北山　忍　2004　コミュニケーション様式と情報処理様式の対応関係：文化的視点による実証研究のレビュー　社会心理学研究, **19**（3）, 241-254.

伊藤美奈子　2009　不登校：その心もようと支援の実際　金子書房

上地雄一郎　2015　メンタライジング・アプローチ入門：愛着理論を生かす心理療法　北大路書房

Keysar, B., Barr, D. J., Balin, J. A., & Brauner, J. S.　2000　Taking perspective in conversation: The role of mutual knowledge in comprehension. *American Psychological Science*, **11**（1）, 32-38.

清原一暁・中山　実・木村博茂・清水英夫・清水康敬　2003　文章の表示メディアと表示形式が文章理解に与える影響　日本教育工学会論文誌, **27**（2）, 117-126.

Knapp, M. L.　1972　*Nonverbal communication in human interaction.* New York: Holt, Rinehart & Winston.（牧野成一・牧野泰子（訳）　1979　人間関係における非言語情報伝達　東海大学出版会）

Knapp, M. L., Hart, R. P., & Dennis, H. S.　1974　An exploration of deception as a communication construct. *Human Communication Research*, **1**（1）, 15-29.

子安増生　1999　幼児期の他者理解の発達：心のモジュール説による心理学的検討　京都大学学術出版会

子安増生　2011　自己と他者―発達的アプローチ―　子安増生・大平英樹（編）　ミラーニューロンと＜心の理論＞（pp.1-20）　新曜社

Krupenye, C., Kano, F., Hirata, S., Call, J., & Tomasello, M.　2016　Great apes anticipate that other individuals will act according to false beliefs. *Science*, **354**（6308）, 110-114.

久米昭元・長谷川典子　2007　ケースで学ぶ異文化コミュニケーション：誤解・失敗・すれ違い　有斐閣

Lakoff, R.　1975　*Language and woman's place.* New York: Harper & Row.

Leslie, A. M., & Thaiss, L.　1992　Domain specificity in conceptual development: Neuropsychological evidence from autism. *Cognition*, **43**（3）, 225-251.

Levinson, S. C.　1983　*Pragmatics.* Cambridge: Cambridge University Press.

Lieberman, M. D.　2013　*Social: Why our brains are wired to connect.* Oxford: Oxford University Press.（江口泰子（訳）　2015　21世紀の脳科学：人生を豊かにする3つの「脳力」　講談社）

Luk, K. K. S., Xiao, W. S., & Cheung, H.　2012　Cultural effect on perspective taking in Chinese–English bilinguals. *Cognition*, **124**, 350-355.

Macmillan, M.　2000　*An odd kind of fame: Stories of Phineas Gage.* Cambridge, MA: MIT Press.

Maltz, D. N., & Borker. R. A.　1982　A cultural approach to male-female miscommunication. In J. J. Gumperz (Ed.), *Language and social identity* (pp.196-216). Cambridge: Cambridge University Press.

Markus, H. R., & Kitayama, S. 1991 Culture and the self: Implications for cognition, emotion, and motivation. *Psychological Review*, **98**, 224-253.

Mashimo, T., & Sannomiya, M. 2016 Effect of instruction on perspective-taking on the utterances of university students in an advice-giving scenario. *International Journal of Psychology*, **51**, Issue Supplement S1, 231

増田貴彦・山岸俊男　2010a　文化心理学［上］：心がつくる文化, 文化がつくる心　培風館

増田貴彦・山岸俊男　2010b　文化心理学［下］：心がつくる文化, 文化がつくる心　培風館

Matarazzo, J. D., Saslow, G., Wiens, A. N., Weitman, M., & Allen, B. V. 1964 Interviewer head nodding and interviewee speech durations. *Psychotherarpy*, **1** (2), 54-63.

Matarazzo, J. D., Wiens, A. N., Saslow, G., Allen, B. V., & Weitman, M. 1964 Interviewer mm-hmm and interviewee speech durations. *Psychotherarpy*, **1** (3), 109-114.

Mayer, M. 1969 *Frog, where are you?* New York: Dial Press.

メイナード, 泉子, K. 1993　会話分析　くろしお出版

Meditch, A. 1975 The development of sex-specific speech patterns in young children. *Anthlopological Linguistics*, **17** (9), 421-433.

Mehrabian, A. 1981 *Silent messages: Implicit communication of emotions and attitudes* (2nd ed.). Belmont, CA: Wadsworth. (西田　司・津田幸男・岡村輝人・山口常夫（共訳）　1986　非言語コミュニケーション　聖文社）

Meninger, K. A. 1947 *The human mind.* New York: Knopf. (古沢平作（監修）　草野栄三良（訳）　1951　人間の心（下）　日本教文社）

Meyer, D. E., & Schvaneveldt, R. W. 1971 Facilitation in recognizing pairs of words: Evidence of a dependence between retrieval operations. *Journal of Experimental Psychology*, **90** (2), 227-234.

Miller, N., Maruyama, G., Beaber, R. J., & Valone, K. 1976 Speed of speech and persuasion. *Journal of Personality and Social Psychology*, **34** (4), 615-624.

宮地弥生・山　祐嗣　2002　高い確率で虚記憶を生成するDRMパラダイムのための日本語リストの作成　基礎心理学研究, **21** (1), 21-26.

宮島直子　1998　看護におけるコミュニケーション・チャンネルの研究：検査場面での身体接触の効果　北海道大学医療技術短期大学部紀要, **11**, 37-48.

水谷信子　1988　あいづち論　日本語学, **7** (13), 4-11.明治書院

村上　準　2016　読みにくい文字フォントは文章理解を促進するか　大阪大学人間

科学部 2015 年度卒業論文（未公刊）

Muro, M. 2001 *Intercultural miscommunication* ＜異文化ミスコミュニケーション＞ ―*Tales of a returnee's culture shock*― 久米昭元（註解） 成美堂

仲真紀子 1986 拒否表現における文脈的情報の利用とその発達 教育心理学研究, **34**, 111-119.

仲真紀子・無藤 隆・藤谷玲子 1982 間接的要求の理解に関わる要因 教育心理学研究, **30**, 175-184.

Norman, D. A., & Bobrow, D. G. 1976 On the analysis of performance operating characteristics. *Psychological Review*, **83** (6), 508-510.

岡田聡宏 2010 語用論と意味論の違い 学習院大学外国教育研究センター紀要:「言語，文化，社会」, **8**, 55-72.

岡本真一郎 1986 依頼の言語的スタイル 実験社会心理学研究, **26** (1), 47-56.

岡本真一郎 2004 アイロニーの実験的研究の展望―理論修正の試みを含めて― 心理学評論, **47** (4), 395-420.

苧阪満里子 2013 デフォルトモードネットワーク（DMN）から脳をみる 生理心理学と精神生理学, **31** (1), 1-3.

苧阪直行 2007 意識と前頭葉―ワーキングメモリからのアプローチ― 心理学研究, **77** (6), 553-566.

苧阪直行 2010 笑い脳：社会脳へのアプローチ 岩波書店

押木秀樹・寺島奈津美・小池美里 2010 手書き文書におけるパラランゲージ的要素による伝達に関する基礎的研究 書写書道教育研究, **24**, 21-32.

押木秀樹・渡邊愛沙・高田詩織・伊藤由依 2012 手書き文書におけるパラ言語的機能としての相手への感情の伝達と要素―好意の有無・相手の性別および字形・配列の効果― 書写書道教育研究, **27**, 40-49.

Piaget, J. 1970 *L'épistémologie génétique*. Paris: Presses Universitaires de France. （滝沢武久（訳） 1972 発生的認識論 白水社）

Piaget, J., & Inhelder, B. 1948 La représentation de l'espace chez l'enfant. Paris: Presses Universitaires de France. F. L. Langdon & J. L. Lunzer (Trans.) 1956 *The child's conception of space*. London: Routledge and Kegan Paul.

Premack, D., & Woodruff, G. 1978 Does the chimpanzee have a theory of mind? *Behavioral and Brain Sciences*, **4**, 515-526.

Roediger, H. L., III, & McDermott, K. B. 1995 Creating false memories: Remembering words not presented in lists. *Journal of Experimental Psychology, Learning, Memory, and Cognition*, **21** (4), 803-814.

三宮真智子 1987 人間関係の中の誤解：言語表現の誤解に関する基礎調査 鳴門教育大学研究紀要 教育科学編, **2**, 31-46.

三宮真智子 1995a メタ認知を促すコミュニケーション演習の試み「討論編」―教育

実習事前指導としての教育工学演習から— 鳴門教育大学学校教育研究センター紀要, **9**, 53-61.

三宮真智子 1995b 人間の情報処理と情報教育 永野和男（編著） 発信する子どもたちを育てる：これからの情報教育（pp.15-28） 高陵社書店

三宮真智子 2002 考える心のしくみ：カナリア学園の物語 北大路書房

三宮真智子（監修） 2004a 心を育てるおやこあそびのえほん 三起商行（ミキハウス）

三宮真智子 2004b コプレズンス状況における発想支援方略としてのあいづちの効果—思考課題との関連性— 人間環境学研究, **2**（1), 23-30.

三宮真智子 2004c 思考・感情を表現する力を育てるコミュニケーション教育の提案：メタ認知の観点から 鳴門教育大学学校教育実践センター紀要, **19**, 151-161.

三宮真智子 2008a コミュニケーション教育のための基礎資料：トラブルに発展する誤解事例の探索的検討 日本教育工学会論文誌, **32**（suppl.), 173-176.

三宮真智子 2008b メタ認知研究の意義と課題 三宮真智子（編著） メタ認知：学習力を支える高次認知機能（pp.1-16） 北大路書房

三宮真智子 2009 説明に対するメタ認知能力を高めるための「不完全な説明」教材導入の試み 鳴門教育大学情報教育ジャーナル, **6**, 25-28.

三宮真智子 2011 「自分の考えをもつ」とはどういうことか 児童心理, **65**（5), 1-9 金子書房

三宮真智子 2014 対人コミュニケーションに活かすメタ認知 日本看護学教育学会誌, **24**（2), 79-87.

三宮真智子 2016 判断の歪みを生む不適切なメタ認知の知識を問い直す 大阪大学大学院人間科学研究科紀要, **42**, 235-254.

Sannomiya, M. 1990 Which factors in verbal communication make information-senders irritated? *The Japanese Journal of Psychonomic Science*, **9**（1), 51-53.

Sannomiya, M., & Kawaguchi, A. 1999 Cognitive characteristics of face-to-face and computer-mediated communication in group discussion: An examination from three dimensions. *Educational Technology Research*, **22**, 19-25.

Sannomiya, M., & Kawaguchi, A. 2000 A case study on support for students' thinking through computer-mediated communication. *Psychological Reports*, **87**, 295-303.

Sannomiya, M., & Ohtani, K. 2015 Does a dual-task selectively inhibit the metacognitive activities in text revision? *Thinking Skills and Creativity*, **17**, 25-32.

三宮真智子・吉倉和子 2012 冗長な口頭説明はどのようにメモされ伝達されるのか 大阪大学教育学年報, **17**, 15-30.

佐々木淳 2015 社交不安症の理解と支援 丹野義彦・石垣琢磨・毛利伊吹・佐々木

淳・杉山明子（共著）　臨床心理学（pp.449-465）　有斐閣

Schwarz, N., & Bless, H.　1991　Happy and mindless, but sad and smart? The impact of affective states on analytic reasoning. In J. P. Forgas (Ed.), *Emotion and social judgment* (pp.55-71). Oxford: Pergamon.

Schwarz, N., & Clore, G. L.　1983　Mood, misattribution, and judgments of well-being: Informative and directive functions of affective states. *Journal of Personality and Social Psychology*, **45** (3), 513-523.

Shammi, P., & Stuss, D. T.　1999　Humour appreciation: A role of the right frontal lobe. *Brain*, **122**, 657-666.

渋谷昌三　1986　近接心理学のすすめ　講談社

Smith, B. L., Brown, B. L., & Strong, W. J.　1975　Effects of speech rate on personality perception. *Language and Speech*, **18**, 145-152.

Sommer, R.　1969　*Personal space: The behavioral basis of design*. Englewood Cliffs, NJ: Prentice-Hall.

Sperber, D., & Wilson, D.　2002　Pragmatics, modularity and mind-reading. *Mind & Language*, **17**, 3-33.

Stone, V. E., Baron-Cohen, S., & Knight, R. T.　1998　Frontal lobe contributions to theory of mind. *Journal of Cognitive Neuroscience*, **10** (5), 640-656.

Stroop, J. R.　1935　Studies of interference in serial verbal reactions. *Journal of Experimental Psychology*, **18**, 643-662.

Sulin, R. A., & Dooling, D. J.　1974　Intrusion of a thematic idea in retention of prose. *Journal of Experimental Psychology*, **103** (2), 255-262.

高井範子　2008　青年期における人間関係の悩みに関する検討　太成学院大学紀要, **10** (27), 85-95.

Tannen, D.　1986　*That's not what I meant! How conversational style makes or breaks relationships*. New York: William Morrow.

Tannen, D.　1990　*You just don't understand: Women and men in conversation*. New York: William Morrow.

Thorndike, E. L.　1920　A constant error in psychological ratings. *Journal of Applied Psychology*, **4** (1), 25-29.

戸田弘二・伊藤　景・喜井　調・岡部雪乃・吉田美由紀　2010　公的自覚状態は視点取得反応を高めるか―評価懸念を調整変数として―　北海道教育大学紀要　教育科学編, **61** (1), 41-49.

Traxler, M. J., & Gernsbacher, M. A.　1993　Improving written communication through perspective-taking. *Language and Cognitive Processes*, **8** (3), 311-334.

Tulving, E., Schacter, D. L., & Stark, H. A.　1982　Priming effects in word-fragment completion are independent of recognition memory. *Journal of Experimental*

Psychology: Learning, Memory, and Cognition, **8** (4), 336-342.

内田伸子　1985　幼児における事象の因果的結合と産出　教育心理学研究, **33**, 124-134.

内田伸子　1986　ごっこからファンタジーへ　新曜社

内田伸子　1999　第2言語学習における成熟的制約：子どもの英語習得の過程　桐谷滋（編）ことばと心の発達　第2巻　ことばの獲得（pp.195-223）　ミネルヴァ書房

内田伸子・鹿毛雅治・河野順子・熊本大学教育学部附属小学校　2012　「対話」で広がる子どもの学び―授業で論理力を育てる試み―　明治図書出版

内田照久　2002　音声の発話速度が話者の性格印象に与える影響　心理学研究, **73** (2), 131-139.

内田照久　2005　音声中の抑揚の大きさと変化パターンが話者の性格印象に与える影響　心理学研究, **76** (4), 382-390.

内田照久　2011　音声中の母音の明瞭性が話者の性格印象と話し方の評価に与える影響　心理学研究, **82** (5), 433-441.

梅田聡　2014　共感の科学―認知神経科学からのアプローチ　岩波講座　コミュニケーションの認知科学2　共感　岩波書店

Wardhaugh, R.　1985　*How conversation works*. Oxford: Basil Blackwell.

渡辺雅子　2004　納得の構造―日米初等教育に見る思考表現のスタイル―　東洋館出版社

渡邊正孝　2005　思考と脳―考える脳のしくみ―　ライブラリ脳の世紀：心のメカニズムを探る9　サイエンス社

渡邊正孝　2008　メタ認知の神経科学的基礎　三宮真智子（編著）メタ認知：学習力を支える高次認知機能（pp.207-225）　北大路書房

渡部雅之　2006　空間的視点取得の生涯発達に関する研究　風間書房

West, C. D., & Zimmerman, D. H.　1977　Women's place in everyday talk: Reflections on parent-child interaction. *Social Problems*, **24** (5), 521-529.

Wimmer, H., & Perner, J.　1983　Beliefs about beliefs: Representation and constraining function of wrong beliefs in young children's understanding of deception. *Cognition*, **13**, 103-128.

Wood, J. T., & Reich, N. M.　2003　Gendered speech communities. In L. A. Samovar, & R. E. Porter (Eds.), *Intercultural communication: A reader* (10th ed., pp.144-154). Belmont, CA: Wadsworth/Thomson Learning.

山梨正明　1986　発話行為　大修館書店

事項索引

あ
アイコンタクト　105
あいづち　98
意味的プライミング効果　71
意味論　37
ウェルニッケの言語野　160
運動性失語　161
運動前野腹側部　169
音韻論　33

か
外化　186
会話スタイル　65
会話の協調原則　55
活性化拡散モデル　71
含意　45
感覚性失語　160
感情的共感　156
感情的視点取得　85
機能的磁気共鳴画像法　164
気分一致効果　89
共感　156
共同の意図性　175
拒絶敏感性　183
近言語　94
近接学　106
近接空間学　106
空間的視点取得　85
グライスの公準　55
言語行為　54
高コンテクスト文化　117
誤解事例分析シート　186
誤解事例分析法　186

さ
心の理論　153
個人空間　107
誤信念課題　154
語用論　45

サリーとアン問題　154
自己中心性　84
自然言語　54
失言認識課題　165
失語症　160
失敗事例分析法　186
視点取得　84
自閉症　157
自閉スペクトラム症　176
社会的思考　172
社会的知能　165
社会脳　167
社交不安　183
　――症　183
準言語　94
省察　142
　――的思考力　142
上側頭溝　169
神経画像法　164
人工品　112
身体接触　110
心的状態　171
親和欲求　107
スキーマ　69
ストループ課題　165
スマーティー問題　154
前頭極部　174

前頭前野　162
　——外側部　163
　——眼窩部　163
　——内側部　163
前頭連合野　162
相互協調的自己観　121
相互独立的自己観　121
側頭・頭頂接合部　171

た
脱中心化　84
ダブルバインド・コミュニケーション　101
短期記憶　78
知覚的視点取得　85
直接プライミング効果　72
低コンテクスト文化　117
デフォルトモードネットワーク　172
統語論　34
頭頂葉内側部　171
頭頂連合野　169
トップダウン型　68
豊川信用金庫事件　73

な
認知資源　83
認知的共感　156
認知的視点取得　85
脳画像法　164

は
パーソナル・スペース　107
発話行為　54
パラ言語　94
非社会的思考　172

皮肉　52
表象　174
フォールスメモリー　200
プライム　71
ブローカの言語野　160
ブロードマンの脳地図　160
プロクセミクス　106
プロソディー　102
文化プライミング　123
文脈　55
　——依存性　182
　——効果　71
辺縁系　161
扁桃体　167
ボトムアップ型　67

ま
マインド・ブラインドネス　158
マインドリーディング　158
マクシ問題　154
ミラーシステム　168
ミラーニューロン　168
メタ認知　141
　——的活動　143
　——的知識　143
メラビアンの法則　104
メンタライジング　157
　——システム　170

や
読み手意識　148

わ
ワーキングメモリー　78

【著者紹介】
三宮　真智子（さんのみや　まちこ）
大阪大学人間科学部を経て同研究科博士後期課程を1983年に単位取得満期退学。鳴門教育大学助手，講師，助教授，教授を経て，現在大阪大学大学院人間科学研究科教授。学術博士（大阪大学）。専門は，認知心理学，教育心理学，教育工学。

主な著書・論文
『考える心のしくみ：カナリア学園の物語』北大路書房　2002 年（単著）
『メタ認知：学習力を支える高次認知機能』北大路書房　2008 年（編著）
『教育心理学』学文社　2010 年（編著）
Does a dual-task selectively inhibit the metacognitive activities in text revision? *Thinking Skills and Creativity*, Vol.17, 25–32. 2015 年（共著）
Creativity training in causal inference using the idea post-exposure paradigm: Effects on idea generation in junior high school students. *Thinking Skills and Creativity*, Vol.22, 152-158. 2016 年（共著）

誤解の心理学
コミュニケーションのメタ認知

2017 年 2 月 20 日　初版第 1 刷発行
2019 年 5 月 24 日　初版第 2 刷発行

（定価はカヴァーに表示してあります）

著　者　三宮真智子
発行者　中西　良
発行所　株式会社ナカニシヤ出版
〒606-8161　京都市左京区一乗寺木ノ本町 15 番地
Telephone　075-723-0111
Facsimile　075-723-0095
Website　http://www.nakanishiya.co.jp/
E-mail　iihon-ippai@nakanishiya.co.jp
郵便振替　01030-0-13128

印刷・製本＝ファインワークス／カバー・表紙・扉イラスト＝矢野　曉
Copyright © 2017 by M. Sannomiya
Printed in Japan.
ISBN978-4-7795-1131-8

◎アポロ（チョコ）など，本文中に記載されている社名，商品名は，各社が商標または登録商標として使用している場合があります。なお，本文中では，基本的に TM および R マークは省略しました。
◎本書のコピー，スキャン，デジタル化等の無断複製は著作権法上での例外を除き禁じられています。本書を代行業者等の第三者に依頼してスキャンやデジタル化することはたとえ個人や家庭内の利用であっても著作権法上認められておりません。